Diogenes Taschenbuch 20838

Friedrich Dürrenmatt

Werkausgabe
in dreißig Bänden

Herausgegeben
in Zusammenarbeit
mit dem Autor

Band 8

Friedrich Dürrenmatt

Herkules und der Stall des Augias

Der Prozeß um des Esels Schatten

*Griechische Stücke
Neufassungen 1980*

Diogenes

Umschlag: Detail aus ›Augias und Elier‹ von Friedrich Dürrenmatt.

Das Hörspiel *Herkules und der Stall des Augias* erschien erstmals 1954 im Verlag der Arche, Zürich. Copyright © 1954, 1980 by Peter Schifferli, Verlags AG ›Die Arche‹, Zürich.

Das Hörspiel *Der Prozeß um des Esels Schatten* erschien erstmals 1956 im Verlag der Arche, Zürich. Copyright © 1956, 1980 by Peter Schifferli, Verlags AG ›Die Arche‹, Zürich.

Film-, Funk- und TV-Rechte an beiden Hörspielen: Peter Schifferli, Verlags AG ›Die Arche‹, Zürich.

Die Komödie *Herkules und der Stall des Augias* erschien erstmals 1963 im Verlag der Arche, Zürich. Copyright © 1963, 1980 by Peter Schifferli, Verlags AG ›Die Arche‹, Zürich.

Aufführungs-, Film-, Funk- und TV-Rechte:

Weltvertrieb: Theaterverlag Reiß AG, Bruderholzstraße 39, CH-4053 Basel

Vertrieb für Deutschland: Felix Bloch Erben, Verlag für Bühne, Film, Funk, Hardenbergstraße 6, D-1000 Berlin 12.

Vertrieb für Österreich: Theaterverlag Eirich GmbH, Lothringerstraße 20, A-1030 Wien.

Die vorliegende *Neufassung 1980* der Komödie *Herkules und der Stall des Augias* sowie das Lied des Tiphys in *Der Prozeß um des Esels Schatten* hat Friedrich Dürrenmatt eigens für diese Ausgabe geschrieben.

Redaktion: Thomas Bodmer.

Inhalt

Allgemeine Anmerkung
zu der Endfassung 1980 meiner Komödien

Es ging mir, im Gegensatz zu den verschiedenen Fassungen, die vorher einzeln im Arche-Verlag erschienen sind, bei den Fassungen für die Werkausgabe nicht darum, die theatergerechten, das heißt die gestrichenen Fassungen herauszugeben, sondern die literarisch gültigen. Literatur und Theater sind zwei verschiedene Welten: Außer den Komödien, die ich nur für die Theater schrieb, *Play Strindberg* und *Porträt eines Planeten*, die Übungsstücke für Schauspieler darstellen und die ich als Regisseur schrieb, gebe ich im Folgenden – die ersten Stücke tastete ich nicht an – die dichterische Fassung wieder, eine Zusammenfassung verschiedener Versionen.

F. D.

Herkules und der Stall des Augias

Eine Komödie
Neufassung 1980

*Für Lotti
zum 4.9.1962*

Personen

Herkules	*Nationalheld*
Deianeira	*seine Geliebte*
Polybios	*sein Sekretär*
Augias	*Präsident von Elis*
Phyleus	*sein Sohn*
Iole	*seine Tochter*
Kambyses	*sein Stallknecht*
Lichas	*ein Briefträger*
Tantalos	*Zirkusdirektor*
	zehn Parlamentarier
	zwei Bühnenarbeiter

Pause nach dem sechsten Bild

Geschrieben 1962
Uraufführung im Schauspielhaus Zürich
am 20. März 1963

Bühnenbild

Im Hintergrund eine kolossale Mistwand, einer kubischen Eigernordwand nicht unähnlich, obendrauf ein Handkarren mit einer Mistgabel und dahinter auf einer Säule die Statue einer griechischen Göttin, die während der Handlung allmählich versinkt. Vor dieser Mistwand kubische Mistblöcke mit schwankenden Latten dazwischen. Die Bühne wird so, je nach Beleuchtung, realistisch oder abstrakt.

Kostüme

Die Griechen so griechisch, Deianeira so nackt wie möglich, die Elier in ungefügen Pelzen, als Parlamentarier – außer Augias – mit abenteuerlichen Bauernmasken, wie sie im Lötschental vorkommen.

1. Offene Bühne und Prolog

Polybios tritt vor das Publikum.

POLYBIOS Auf das leichte Befremden, das Sie, meine Damen und Herren, angesichts unserer Bretter befallen mag, die doch die Welt bedeuten sollten, gibt es nur eine Antwort: Es geht dramaturgisch nicht anders. Wir versuchen eine Geschichte zu erzählen, die auf dem Theater sich bis jetzt noch niemand zu erzählen getraute, liegen sich doch in ihr, wenn ich mich so ausdrücken darf, das Reinlichkeitsbestreben und das Kunstbedürfnis des Menschen in den Haaren. Wenn wir das bedenkliche Unternehmen trotzdem wagen und nun vor Ihnen eine Welt aus Unrat auf die Bühne zaubern, so nur, weil uns der Glaube beflügelt, die dramatische Kunst werde mit jeder Schwierigkeit fertig; fast mit jeder, denn an anderen Taten unseres Nationalhelden wäre sie wohl gescheitert: So etwa bei der Schilderung der beiden Schlangen, die sich ihm schon in der Wiege um den Hals legten, ihn zu ersticken, und die das Kleinkind dann kurzerhand –

Hinter der Bühne Kleinkindergeschrei, das verstummt, wie Polybios die Handbewegung des Erwürgens macht.

– oder auch bei jener Szene, in welcher der gewaltige Säugling so mächtig am Busen der Göttin Hera sog,

daß die Göttermilch über den ganzen Himmel hin-
schoß –

*Ein ungeheures Zischen, und ein Milchstrahl saust über
die Bühne.*

– ein komisches Geschehen, dem wir unsere Milch-
straße verdanken: Wo nähmen wir die Schlangen, wo
den Säugling, wo den Busen her? Zur Sache. Die
urweltliche Kuhfladenlandschaft, die Sie erblicken,
dieser sagenhafte Kompost – um einen mehr gärtneri-
schen Begriff zu verwenden – ist kein geringerer als
jener antike Dünger, der sich im Lande Elis seit Jahr-
hunderten angesammelt hat, der längst schon überbor-
dete, jede Fesselung sprengte, einfach überlief, über-
quoll und jetzt schon beinahe die Füße der Eleutheria,
der Göttin der Freiheit, erreicht, auf die die Elier so
stolz sind, eine Statue auf einer fünfzig Meter hohen
Säule, wie behauptet wird, und so mag denn dies
wenigstens ein gewisser Trost sein: Bieten wir schon
Mist, dann nur einen berühmten. Dazu ist Ihnen die
Direktion noch in einem anderen Punkt freundlicher-
weise entgegengekommen: Für Szenen, die anderswo
spielen, in reinlicheren Gegenden also, stellte sie dieses
Podium zur Verfügung, sogar mit einem Vorhang
versehen, bitte sehr:

*Die Wand des Mistkubus in der Mitte klappt nach unten
und bildet den Boden eines Podiums, der Kubus wird zur
kleinen Bühne mit einem weißen Vorhang.*

Die Kulissen lassen wir von oben herunterschweben,

zum Beispiel diesen Giebel einer Villa in Theben, wir
werden ihn bald benötigen –

*Der Giebel schwebt von oben bis zur halben Höhe der
Bühne herab und entschwebt wieder nach oben.*

– oder wie hier den Vollmond, unseren natürlichen
Satelliten.

Oben links wird der Vollmond sichtbar, versinkt wieder.

Keine Kunst ohne Romantik, keine Romantik ohne
Liebe, keine Liebe ohne Vollmondnacht. Wir zeigen
kein realistisches Stück, wir kommen mit keinem
Lehrstück und lassen auch das absurde Theater zu
Hause, wir bieten ein dichterisches Stück. Ist der Stoff
auch nicht stubenrein, wahre Poesie verklärt alles.
Andere Requisiten dagegen schleppen zwei Bühnenarbeiter als Elier verkleidet herbei, wie jetzt hier eine
erschöpfte Wildsau.

*Zwei Bühnenarbeiter legen keuchend eine Wildsau aufs
Podium.*

Auf diese Bestie können wir leider nicht verzichten.
Daß die Bühnenarbeiter Stiefel tragen, entschuldigt das
Gelände. *Die zwei Bühnenarbeiter stellen Eiszapfen
auf.* Meine Damen und Herren. Es wäre soweit. Doch
möchte ich die Handlung nicht beginnen, ohne mich
vorgestellt zu haben. Ich bin Grieche. Ich heiße Polybios und stamme aus Samos. Ich bin Privatsekretär
unseres Nationalhelden. Aber auch die gedemütigtste,

zusammengeschlagenste Kreatur – ich wähle bewußt
diese Worte – wird einmal reden, einmal nach all den
endlosen und – wenn ich den Verlauf der Geschichte
grosso modo betrachte – doch wohl fruchtlosen Jahr-
hunderten, die seit meiner Zeit verflossen sind. Und so
rede ich denn, enthülle ich denn. Auch wir sehnten uns
nach einem Platz an der Sonne, auch wir hofften auf
ein menschenwürdiges Dasein. Wo landeten wir? Der
Zustand unserer Bühne sagt alles. Doch genug. Mein
Meister kommt, hängt seinen Bogen an eine Eiszacke,
nimmt auf dem Podium Platz.

Von rechts erscheint Herkules in der Löwenhaut mit
Bogen und Keule, setzt sich auf dem Podium neben die
Wildsau.

Wir erzählen: Herkules und der Stall des Augias! Es ist
dies die fünfte Arbeit unseres Nationalhelden, wir
fangen jedoch mit dem Ende der vierten an: Im
Schnee. 2911 Meter über dem Meeresspiegel. Meine
Damen und Herren, wir beginnen endgültig.

Die Beleuchtung gletscherhaft.

2. Auf dem Gletscher des Olymp

Herkules sitzt verschneit rechts neben der verschneiten Wildsau.

HERKULES Kalt.
POLYBIOS Kalt.
HERKULES Dünne Luft.
POLYBIOS Hochalpine Luft.

Polybios bläst in die Hände, schlägt die Arme an den Leib, geht am Fleck, alles, um sich warm zu halten.

HERKULES Setz dich. Dein Herumtanzen macht mich nervös.
POLYBIOS Bitte.

Er besteigt das Podium und setzt sich links neben die Wildsau. Schweigen. Sie frieren.

HERKULES Nordwind.

Polybios führt den rechten Zeigefinger in den Mund und hält ihn dann in die Höhe.

POLYBIOS Nordwestwind.
HERKULES Zum Glück habe ich meine Löwenhaut.
POLYBIOS Ich bin leider ausgesprochen sommerlich gekleidet.

HERKULES Der Nebel nimmt zu.

POLYBIOS Man sieht keine zehn Schritte weit.

HERKULES Schneien tut es auch wieder.

POLYBIOS Ein Sturm zieht auf.

HERKULES Griechen auf einem Gletscher haben etwas Hilfloses.

Donnern.

POLYBIOS Eine Lawine.

HERKULES Wir sind keine alpinistische Nation.

POLYBIOS Um so stolzer dürfen wir sein, den Olymp als erste erklettert zu haben.

HERKULES Das Wildschwein war zuerst oben.

POLYBIOS Götter sind keine zu sehen.

HERKULES Na ja.

POLYBIOS Ihr Vater Zeus –

HERKULES Reden wir nicht von meiner Mutter.

Donnern.

POLYBIOS Steinschlag.

HERKULES Der halbe Gipfel rutscht nach unten.

POLYBIOS Ist der Olymp eigentlich ein solider Berg?

HERKULES Keine Ahnung.

Schweigen. Schneetreiben.

HERKULES Polybios.

POLYBIOS Verehrter Meister Herkules?

HERKULES Hör auf, mit den Zähnen zu klappern.

POLYBIOS Bitte.

HERKULES Ich beginne nachdenklich zu werden.

POLYBIOS Das macht die Kälte.

HERKULES Ich mühe mich ab. Ich erlege die Ungeheuer der Vorzeit, die Griechenlands Felder zerstampfen, und knüpfe die Räuber an die Bäume, die seine Wege unsicher machen. Doch seit ich dich angestellt habe, ist zwar meine Korrespondenz in Ordnung, aber meine Geschäfte gehen zurück. Umgekehrt wäre mir lieber.

POLYBIOS Zugegeben, verehrter Meister. Die drei ersten Arbeiten, die ich vermittelt habe, brachten wenig ein. Der Nemeische Löwe, nach dessen Gewicht sich das Honorar richtete, erwies sich als ein Balkanzwergberglöwe, die Riesenschlange Hydra sackte in den lernäischen Sümpfen ab und die Keryneiische Hindin sauste auf Nimmerwiedersehen davon. Aber der Erymanthische Eber – war das eine Hetzjagd – bis hier auf den Gipfel des Götterbergs, den vorher noch keines Menschen Auge sah!

HERKULES Wir sehen auch nichts.

POLYBIOS Dafür haben wir den fürchterlichen Eber endlich gestellt.

HERKULES Schneien tut es immer noch.

POLYBIOS Die Welt darf aufatmen.

HERKULES Nützt uns nichts.

POLYBIOS Nützt uns gewaltig. Der Erymanthische Eber liegt zwischen uns erschöpft im Schnee, und wo der Eber liegt, liegt das Honorar.

HERKULES Zwischen uns liegt nicht der Erymanthische Eber, sondern irgendeine Bache erschöpft im Schnee.

Polybios schaut nach.

POLYBIOS Tatsächlich. Eine Wildsau.

Schweigen.

POLYBIOS Sie muß dem Eber nachgelaufen sein.
HERKULES Wir ja auch.
POLYBIOS Wir dürfen jetzt nur nicht den Kopf verlieren.

Donnern.

HERKULES Wieder eine Lawine.
POLYBIOS Wo die Sau ist, wird auch der Eber sein.
HERKULES In der Gletscherspalte da vorne.
POLYBIOS In der – Gletscherspalte?
HERKULES Der Erymanthische Eber stürzte vor meinen
  Augen in den bodenlosen Abgrund.
POLYBIOS Und damit das Honorar. Fünfzehntausend
  Drachmen liegen da unten.
HERKULES Dreitausend mehr als ich an einem mittleren
  Raubritter verdiene.

Schweigen.

POLYBIOS Könnte man den Eber nicht aus der Spalte –
HERKULES Zu tief.

Schweigen.

POLYBIOS Wir müssen nachdenken.
HERKULES Die Wildsau ist auch schon erfroren.

Schweigen.

POLYBIOS Ich hab's.
HERKULES Nun?
POLYBIOS Ich kenne in Theben einen Tierpräparator –
wenn der einige geschickte Manipulationen vornähme –
HERKULES Wozu?
POLYBIOS Die Sau in einen Eber zu verwandeln. Wild-
schwein ist Wildschwein.

Schweigen.

HERKULES Es schneit nicht mehr.
POLYBIOS Der Nebel lichtet sich.
HERKULES Stehen wir auf.

Sie erheben sich und klopfen sich den Schnee ab.

HERKULES Turnen wir.

Sie kniebeugen, schwingen die Arme.

HERKULES Nun denke ich wieder klar.
POLYBIOS Gott sei Dank.
HERKULES Du willst mich zu einem Schwindler machen.
POLYBIOS *erschrocken* Aber verehrter Meister –
HERKULES Ich soll eine Sau für einen Eber ausgeben.
POLYBIOS Aber doch nur, weil wir sonst das Honorar
verlieren! Bedenken Sie die fünfzehntausend Drach-
men!
HERKULES Ich pfeife auf die fünfzehntausend Drachmen!
POLYBIOS Das können Sie sich unmöglich leisten, verehr-
ter Meister, in Anbetracht Ihrer Schulden!

Schweigen. Herkules starrt Polybios fassungslos an.

HERKULES Schweig!
POLYBIOS Bitte.
HERKULES *donnernd* Wir befinden uns auf dem Olymp!

Donnern.

POLYBIOS Wieder eine Lawine.
HERKULES *brüllend* Mir egal!
POLYBIOS In der Nähe Ihres Vaters.
HERKULES *brüllend* Mir Wurst!

Donnern.

POLYBIOS Noch eine Lawine.

Schweigen.

POLYBIOS Wenn Sie weiterbrüllen, saust die andere Hälfte
des Gipfels auch noch nach unten.
HERKULES *wütend* Ich könnte dich hinunterschmettern!
Ich habe keine Schulden!
POLYBIOS Doch, verehrter Meister.

Herkules packt Polybios an der Brust.

HERKULES Du lügst!
POLYBIOS *in Todesangst* Ich lüge nicht, verehrter Meister! Das wissen Sie genau! Überall haben Sie Schulden! Beim Bankier Eurystheus haben Sie Schulden,
beim Treuhandbüro Epaminondas, beim Architekten

Aias, beim Schneider Leonidas! Ganz Theben sind Sie
verschuldet, verehrter ...

Herkules ist mit Polybios hinter dem Podium im Mist
verschwunden. Der Podiumsvorhang schließt sich.
Gepolter.
Totenstille.

3. Vor dem Podium

Polybios kommt hinter dem Podium hervorgehinkt, den Hintern reibend und den linken Arm eingeschient.

POLYBIOS *etwas keuchend* Die Ausbrüche seines Zorns waren weltberühmt und sind es noch heute. Er schmetterte mich samt der Wildsau den Gletscher des Olymps hinunter bis in die Wälder am Fuße des Berges hinein und kam dann mit dem restlichen Gipfel selber nachgerasselt.

Er angelt sich einen Eiszapfen aus dem Genick.

Hier ein Eiszapfen.

Er wirft ihn ins Orchester.

Glücklicherweise donnerten die häusergroßen Felsblöcke noch gnädig an mir vorbei, aber Herkules fiel auf mich, landete so von uns dreien weitaus am sanftesten und blieb unverletzt, während ich zwischen Wildsau und Nationalheld zu liegen kam – lassen wir das.

Die zwei Bühnenarbeiter tragen die Wildsau hinaus. Von oben der griechische Giebel.

Wenn ich meinen Dienst nicht quittiere, so nur, weil es für einen Sekretär ohne Diplom – ich hatte sowohl in

Athen als auch in Rhodos Pech im Examen – schwer ist, überhaupt eine Stelle zu finden, und außerdem schuldet mir unser Nationalheld noch den Lohn von zwei Monaten. Doch werden auch die schlimmsten Ausbrüche seines Zorns durch den Ruf –

DEIANEIRA Herkules!

POLYBIOS – besänftigt. Es ist Deianeïra, seine Geliebte, eine so außergewöhnliche Frau an Gestalt und Geist, daß von ihr nur Wundersames zu berichten ist.

Herkules steckt den Kopf zwischen dem Podiumsvorhang hervor.

HERKULES Hörst du die Silberstimme, Polybios, diesen lockenden Glockenton? Ist sie nicht vollkommen? Ihr Leib, ihr Gang, die Anmut, mit der sie lacht, singt, Verse zitiert, tanzt, meinen Namen ruft?

Herkules verschwindet wieder hinter dem Vorhang.

POLYBIOS Die beiden ergänzen sich vortrefflich. Herkules ist hünenhaft, robust und einfach, sie zierlich und mit einem unübertrefflichen Sinn für Nuancen begabt. Ihr zuliebe besteht er die ungeheuerlichen Abenteuer seines Berufs, und es ist seine Leidenschaft, Griechenland für den Geist zu säubern, den er in ihr verkörpert sieht. Deianeïra dagegen ist manchmal etwas beunruhigt. Ich weiß, sagte sie einmal zu mir ...

Von rechts kommt Deianeïra mit einer großen Schale.

DEIANEIRA Ich weiß, Herkules und ich gelten als das

ideale Paar Griechenlands, und wir lieben einander auch wirklich. Doch ich fürchte mich, ihn zu heiraten, seit ich die Schale schwarzen Bluts besitze.

POLYBIOS Eine Schale schwarzen Bluts?

Deianeira setzt sich mit ihrer Schale auf den Podiumsrand.

DEIANEIRA Als wir den Fluß Euenos erreichten, wollte mich der Kentaur Nessos rauben. Herkules schoß ihn mit einem vergifteten Pfeil nieder. Da riet mir der sterbende Kentaur, sein Blut in dieser Schale zu sammeln. Ich solle damit das Hemd meines Geliebten bestreichen, und Herkules werde mir treu sein. Ich habe es noch nicht getan. Er haßt Hemden. Er ist ja meistens nackt, wenn er nicht gerade die Löwenhaut trägt. Jetzt sind wir frei. Aber einmal werden wir heiraten. Dann werde ich fürchten, ihn zu verlieren, und er wird ein Hemd tragen, weil er älter sein wird und oft frieren wird, und ich werde sein Hemd in das schwarze Blut des Kentauren tauchen.

Deianeira geht mit ihrer Schale langsam wieder nach rechts hinaus.

POLYBIOS Soweit Deianeira. Was dagegen König Augias betrifft, dessen Ansinnen den Wendepunkt im Leben unseres Heldenpaares bringt, so möchte ich ihm nun persönlich das Wort übergeben: Auftritt Augias.

Polybios nach links ab. Der Giebel fährt nach oben. Augias kommt in Stiefeln von links hinten, tritt vor das Publikum.

AUGIAS Zuvor einige Angaben über unser Elis: Etwas unter dem achtunddreißigsten Breitengrad in Griechenland gelegen, auf der Höhe Siziliens also, genauer, im westlichen Teil des Peloponnes, begrenzt im Norden und Süden durch die Flüsse Peneios und Alpheios, im Westen durch das Ionische Meer und im Osten durch Arkadien, durch einen, im Gegensatz zur Überlieferung ziemlich ungemütlichen Landstrich. Boden: Gut gemistet. Darunter angeblich Molasse und noch tiefer Gneis. Klima: Von den häufigen typisch elischen Dauerregen abgesehen, anständig. Wie auch die Sitten. Die Winter manchmal leider etwas rauh, und ein warmer Fallwind von den Bergen her schläfert öfters ein. Daher das Sprichwort: Verschlafen wie ein Elier. Hauptstadt: Heißt wie das Land ebenfalls Elis. Groß- und Kleinviehbestand: Achthunderttausend Stück Rindvieh, sechshunderttausend Schweine. Rund gerechnet. Hühner: Mehrere Millionen. Die Eier –

Er kramt in den Taschen, holt endlich ein Ei hervor, zeigt es.

Die Eier sind besonders groß, nahr- und schmackhaft. Einwohner: Zweihunderttausend. Auch rund gerechnet. Religion: Temperiert Dionysisch mit Apollonisch-Orthodoxen Urgemeinden. Politik: Liberalpatriarchalisch, zwischen dem attischen Seebund, der spartanischen Hegemonie und dem persischen Weltreich lavierend. Sehenswürdigkeiten: Olympia, die Stätte der vierjährlichen pangriechischen Mistspiele. Über mich selber möchte ich nicht viele Worte verlieren. Um die Wahrheit zu sagen, bin ich eigentlich gar kein König, sondern nur der Präsident von Elis, ja, um präzise zu sein, nur der reichste der Bauern, und, da es bei uns nur Bauern gibt, eben der, welcher am meisten zu sagen hat und das elische Parlament präsidiert. Privatleben: Verwitwet. Zwei Kinder. Darf ich vorstellen:

Von links und rechts kommen Phyleus und Iole.
Phyleus verneigt sich linkisch, Iole macht einen Knicks,
beide etwas vermistet.

Phyleus, mein Sohn, ein achtzehnjähriger Bengel, und Iole, mein Töchterchen. Vierzehn. So ihr beiden, tanzt wieder ab.

Die Kinder ab.

Das wäre das Persönliche. Was nun den sagenhaften Mist angeht, so ist er eben Gegenstand einer hitzigen Debatte im Großen Nationalen Rat – klappen wir denn das Podium wieder zu –, wir befinden uns im altehrwürdigen Rathaus der Elischen Bauernrepublik.

Das Podium klappt zu.
Augias ist etwas verlegen.

Das heißt, auch hier ist ein kleines Geständnis am Platz – da das Rathaus – Sie verstehen – da das Rathaus schon längst unter – unter unseren agronomischen Abfallprodukten vergraben und versunken ist, tagt der Große Nationale Rat in meinem Stall – der Einfachheit halber.

4. Im Stall des Augias 1

In der Mitte der Bühne kommt ein Seil mit einer Kuhglocke herunter. Aus dem Mist tauchen um Augias gruppiert zehn Parlamentarier auf, nur bis zum Unterleib sichtbar, in ihren Masken wie gewaltige vermistete Götzen.
Die Szene bedächtig.
Augias bimmelt mit der Kuhglocke. Zuerst geschieht lange überhaupt nichts.

ERSTER Es stinkt in unserem Land, daß es nicht zum Aushalten ist.

ZWEITER Der Mist steht so hoch, daß man überhaupt nur noch Mist sieht.

DRITTER Letztes Jahr sah man noch die Hausdächer, nun sieht man auch die nimmer.

VIERTER Wir sind total vermistet.

ALLE Vermistet.

AUGIAS *mit der Glocke* Ruhe!

Schweigen.

FÜNFTER Wir sind aber vermistet.

SECHSTER Bis zum Hals. Und drüber.

SIEBENTER Verdreckt und verschissen.

ACHTER Versunken und verstunken.

ALLE Verstunken.

AUGIAS *mit der Glocke* Ruhe!

Schweigen.

VIERTER Es soll Länder geben, wo der Mist nicht so hoch
ist.
DIE ANDERN Bei uns ist er aber so hoch.
AUGIAS *mit der Glocke* Ruhe!

Schweigen.

NEUNTER Dafür sind wir gesund.
DIE ANDERN Aber vermistet sind wir trotzdem.
ZEHNTER Dafür gehen wir in die Tempel.
DIE ANDERN Aber vermistet sind wir trotzdem.
NEUNTER Dafür sind wir die älteste Demokratie Grie-
chenlands.
DIE ANDERN Aber vermistet sind wir trotzdem.
ZEHNTER Das freiste Volk der Welt.
DIE ANDERN Aber vermistet sind wir trotzdem.
NEUNTER Wir sind die Urgriechen.
ALLE Die Urgriechen.

Schweigen.

ALLE Aber vermistet sind wir trotzdem.
AUGIAS *mit der Glocke* Ruhe!

Schweigen.

ERSTER Die Kultur sollte man einführen, wie im übrigen
Griechenland.
ZWEITER Die Industrie, den Fremdenverkehr.

DRITTER Die Sauberkeit.

VIERTER Entweder misten wir jetzt aus, oder wir bleiben im Mist stecken.

ALLE Stecken.

AUGIAS *mit der Glocke* Ruhe!

Schweigen.

FÜNFTER Es eilt.

SECHSTER Schandbar.

SIEBENTER Wir müssen Maßnahmen ergreifen.

ACHTER Welche?

NEUNTER Weiß nicht.

ZEHNTER Dann verstinken wir eben.

ALLE Verstinken.

AUGIAS *mit der Glocke* Ruhe!

Schweigen.

ERSTER Gegen das Schicksal kann man nichts machen.

ALLE Nichts.

ZWEITER Die Götter wollen es so.

DIE ANDERN Die Götter.

AUGIAS *mit der Glocke* Ruhe!

ZEHNTER Vielleicht sollten wir nachdenken.

SIEBENTER Wie macht man das?

ALLE Keine Ahnung.

AUGIAS *mit der Glocke* Ruhe!

FÜNFTER Wozu haben wir unseren Präsidenten?

ACHTER Damit er nachdenkt.

VIERTER Dann soll er nachdenken.

ALLE Er.

AUGIAS *mit der Glocke* Ruhe!

Schweigen.

AUGIAS *mit der Glocke* Männer von Elis!
DRITTER Hört unseren Präsidenten Augias.
DIE ANDERN Hören wir ihm zu.
AUGIAS Ich denke nach.
ALLE Er denkt nach.
AUGIAS Daß mir niemand rülpst oder sonst ein Geräusch
    macht.
ALLE Keiner.

Totenstille.

AUGIAS Ich habe eine Idee.

Schweigen.

ALLE Eine Idee?
AUGIAS Ganz plötzlich.

Schweigen.

DRITTER Bin ich aber erschrocken.

Schweigen.

ALLE Rede.

Schweigen.

AUGIAS Männer von Elis. Ich denke, natürlich muß man
    ausmisten. Es ist wohl keiner unter uns, der nicht

gegen den Mist ist, ja, unter den Griechen ist es der Elier, der am meisten gegen den Mist ist.

ALLE Richtig.

AUGIAS Doch ist es ein Unterschied, ob wir nur ein wenig oder ob wir radikal ausmisten. Wenn wir nur ein wenig ausmisten, steht der Mist übers Jahr wieder so hoch wie er jetzt steht, ja noch höher, bei der Menge, die wir produzieren. Wir müssen daher radikal ausmisten.

ALLE Radikal.

FÜNFTER Einfach ran an den Mist!

ALLE Ran an den Mist!

AUGIAS Ran an den Mist. Ein großes Wort. Wir sind eine Demokratie und stehen vor einer Gesamterneuerung des Staates. Die Aufgabe ist so gewaltig, daß ein Oberausmister gewählt werden muß, soll radikal ausgemistet werden. Dabei kommt jedoch die Freiheit in Gefahr. Der Mist ist dann fort, aber wir haben einen Oberausmister, und ob wir den dann auch fortbringen, kann man nicht wissen. Die Geschichte lehrt, daß gerade die Oberausmister bleiben. Doch droht uns ein noch größeres Übel. Wenn wir jetzt ausmisten, haben wir keine Zeit, unsere Kühe zu besorgen, die Käse- und Butterherstellung, der Export wird zurückgehen, und der Verlust kommt uns teurer zu stehen als die ganze Ausmisterei.

NEUNTER UND ZEHNTER Teurer.

DIE ANDERN Die Ausmisterei sollen die Reichen bezahlen.

SECHSTER Die produzieren den größten Mist!

NEUNTER UND ZEHNTER Wir zahlen genug Steuern!

DIE ANDERN Ausmisten! Einfach ausmisten!

AUGIAS Elier! Ich komme jetzt zu meiner Idee. Beim
letzten Fürstentag in Arkadien hörte ich von einem
Herkules, den man den Säuberer Griechenlands nennt.
Den brauchen wir. Säubern und Ausmisten ist das eine
wie das andere. Ich will dem guten Mann mal schreiben. Wir bieten ihm ein anständiges Honorar, zahlen
ihm die Spesen, und während wir unser Vieh besorgen,
kann er sich an die Arbeit machen. So kommt uns das
Ausmisten am billigsten.

ALLE Am billigsten!

DER SIEBENTE
So wollen wir es machen

ALLE
Wenn das Vaterland, das liebe,
In Gefahr ist

DER ERSTE
Wenn der Mist hochsteigt wie jetzt
Dampfend und braun

DER ZWEITE
Wenn der Milchpreis sinkt wie jüngst
Abgrundtief

DER DRITTE
Wenn die Makedonischen Barbaren
Billigere Butter auf den Markt werfen

DER VIERTE
Wenn die Fremden das Land meiden
Weil den korinthischen Bordellen
Keine Stunde schlägt

ALLE
Wie den unsrigen

DER FÜNFTE
Denkt ein Präsident für uns nach

DER SECHSTE
> Der aber ist kein König

ALLE
> Sondern unsresgleichen

DER SIEBENTE
> Er trinkt das Bier, das wir trinken

DER ACHTE
> Und abends

DER DRITTE
> Lallend wie wir

ALLE
> Die gleichen heimatlichen Lieder

DER NEUNTE
> Torkelt er heim, auch wie wir

DER ZEHNTE
> Er spielt Karten wie wir

DER ERSTE
> Schläft wie wir

DER ZWEITE
> Hat geheiratet wie wir

DER DRITTE
> Gezeugt wie wir

DER VIERTE
> Mit einer ähnlichen rundlichen Gattin

DER FÜNFTE
> Wer aber ist wie wir

DER SECHSTE
> Handelt wie wir

DER SIEBENTE
> Langsam aber sicher

ALLE
> Auch wie wir

DER SIEBENTE
Denn wo

DER ACHTE
Eile nottut

DER NEUNTE
Ist Bedachtsamkeit doppelt am Platze

DER ZEHNTE
Drum wollen wir Augias gehorchen

ALLE
Gehorchen

Die elischen Parlamentarier versinken mit Augias wieder im Mist.

5. Vor dem Hause des Herkules in Theben

*Das Podium klappt wieder herunter. Von oben senkt sich
der Giebel herab.
Der Briefträger Lichas tritt von rechts auf.*

LICHAS Ich bin Lichas und komme schon bei Sophokles
vor – wenn er mich auch der Klassik zuliebe zum
Herold unseres Nationalhelden hochstilisiert hat. Die
Wahrheit sieht freilich anders aus: Von Amts wegen ist
mir das Kadmosviertel in Theben zugewiesen, und ich
habe unserem Nationalhelden Herkules, da er in der
Kadmosstraße 34 wohnt, den Brief des Augias zu
überbringen. Ich bin folglich ein Briefträger. Aber was
für ein Briefträger! Es gibt viele bedeutende Könige, es
gibt viele bedeutende Feldherren, viele bedeutende
Künstler, sogar viele Genies gibt es, alles in allem aber
es gibt nur einen bedeutenden Briefträger: mich. Ja,
ich glaube kaum nach den Sternen zu greifen, wenn ich
mich als die eigentliche Schlüsselfigur dieses Stückes
bezeichne, obgleich ich nur einmal auftrete, nämlich
jetzt, in der Vorgeschichte dieser zum Himmel stinkenden Komödie, auch wenn ich eigentlich zu ihrer
Nachgeschichte gehöre, bin ich doch kein geringerer
als jener klassische Unglückswurm, der einige Jahre
nach der Augias-Episode – man hatte mich damals aus
postinternen Gründen auf die Insel Euböa versetzt –
Herkules das berüchtigte Paket mit dem Nessoshemd

brachte. Absender: Deianeira. Bestimmungsort: Ein
Landgasthof auf dem Vorgebirge Kenion. Übrigens:
Das Hemd selbst war blütenweiß, nichts deutete darauf hin, daß es in das schwarze Blut des Kentauren
getaucht worden war, ich dachte, Hemd ist Hemd,
und lieferte das Paket ab. Doch ich führe Ihnen die
Szene, die eigentlich an den Schluß des Stückes gehört,
am besten mal vor.

Von oben fällt ihm ein Paket in die Hände.

Mittagszeit. Der Himmel silbern, regnerisch verhan-
gen. Es ist Januar und kalt. Relativ kalt.

*Beleuchtungsänderung. Von rechts wird gleichzeitig der
Grabhügel des Phyleus hereingeschoben, ein Erdhaufen
mit einem zerschmetterten Helm gekrönt und mit einem
blutdurchtränkten elischen Gewand mit zerfetzten Hoch-
zeitsbändern.*

Ich gehe auf den Landgasthof zu, komme am Grabhügel des Phyleus vorbei –

*Er nimmt den Helm und das Gewand vom Grabhügel,
zeigt es dem Publikum.*

Der Sohn des Augias ist Ihnen ja schon vorgestellt
worden. – Hier, ihr Kritiker da unten, was von ihm
übrigblieb, etwas für euch: Eurer Ästhetik war ein
blutbesudeltes Gewand stets lieber als ein vermistetes
Hemd. – Der junge Mann hatte Herkules endlich
gefunden, forderte ihn zum Zweikampf auf, und darauf wurden seine Überreste zusammengeschaufelt.

Er legt Helm und Gewand wieder auf den Grabhügel.

Ich erreiche die Haustüre, klingle.

Markiert das Ziehen an einer Türklingel.

Iole öffnet die Türe, Iole, die Tochter des Augias, auch sie kennen Sie schon, Iole, unbeeindruckt vom Tode ihres Bruders, Iole, auf die Deianeira eifersüchtig ist.

Iole öffnet den Vorhang.

In einem durchsichtigen Gewand, mit Schmuck behangen, Geschenke von Herkules natürlich – der eben mit der Eroberung der Stadt Oichalia das einzige Bombengeschäft seines Lebens abgeschlossen hatte –, dabei schlich das Luder noch vor wenigen Tagen zerlumpt und barfuß um das Haus. Ich sage: Post, gnädiges Fräulein, ein Paket für unseren Nationalhelden von seiner Gattin. Sie nimmt die Sendung entgegen und verschwindet.

Iole schließt den Vorhang. Lichas setzt sich links auf das Podium.

Verschwindet. Haben Sie es gesehen? Sie sagte nichts, aber sie lächelte. Und dabei schaute sie mich mit ihren Rehaugen an. Sanft und unschuldig.

Er holt hinter der Hausfassade einen Krug Wein hervor.

Damit könnte ich mich davonmachen. Aber ich bleibe, leider. Nehme im Vorhof noch etwas Wein zu mir.

Er trinkt.

Höre drinnen im Landgasthof Iole übermütig lachen.

Übermütiges Lachen.

Plötzlich verstummen.

Stille.

Und so kann mich Herkules ergreifen. Er steht mit einem Male in der Türe.

Der Vorhang wird aufgerissen, und die blutige Gestalt des Herkules erscheint.

HERKULES Schaut her, schaut alle dies mein Schreckensbild! Schaut alle mein bejammernswertes Leid!
LICHAS Die Verse sind von Sophokles! Der Mann ist verloren. Das schwarze Nessosblut hat sich schon in seinen Leib gefressen, in Fetzen hängt sein Fleisch herunter.

Dunkelheit. Nur Lichas ist sichtbar, der nach vorne links stürzt und ins Publikum starrt.

Und so ist es einigermaßen verständlich, daß er mich mit einem tollen Schwung in die Lüfte sendet. Verständlich, wenn auch ungerecht. Mein pfeilschneller Flug hat dagegen etwas Grandioses. Ganz Griechenland ist überblickbar, die Akropolis ein winziger Würfel, der Olymp ein überzuckerter Maulwurfshügel,

und ich bin einen Moment lang außerordentlich stolz
auf unser wunderschönes, posttechnisch so mühsam
zu bewältigendes Vaterland – was jetzt aber kommt,
der Aufprall aufs Festland – meine Damen und Herren, ich erspare Ihnen diese Szene besser. Jedenfalls
war es keine sanfte Luftpostlandung, und Charon, der
eisgraue Fährmann der Toten, wunderte sich mächtig,
wie er meine Überreste in seine vermooste, nacht-
dunkle Barke zu verstauen hatte – die letzte postalische
Handlung, die an mir vorgenommen wurde. Nun,
auch diese Sendung kam an. In der Unterwelt. Kreis
fünf. Abteilung Schwätzer. Ich muß sagen, etwas ver-
wirrend. Kritik liegt mir fern. Aber ob da nicht ein
Versehen des Oberhauptpostamtes –

*Die Beleuchtung setzt wieder ein, die Fassade ist wie
zuvor, der Grabhügel des Phyleus fährt nach rechts
hinaus.*

Doch gehen wir wieder zurück in unsere Handlung,
wenn auch nicht an ihren Beginn, sondern in ihre
Exposition, nach Theben, zurück vor das Haus unseres Nationalhelden in der Kadmosstraße 34. Übergeben wir den Brief des Augias. Diesen Brief. *Er hält
einen Brief in die Höhe.* Eine wahre Hiobsbotschaft!

Er läßt den Brief sinken.

Meine Damen und Herren. Ich weiß, was Sie denken.
Irrtum. Postgeheimnis bleibt Postgeheimnis, dieses
Credo aller Postämter ist auch mein Credo. Nicht nur,
daß ich die Briefe nachträglich wieder zuklebe, ich lese

sie auch nicht als Privatmann, sondern aus streng postpsychologischen Gründen, pflegt doch unsere Post neben dem Sinn für das Schöne und Erhabene – ich erinnere nur an unsere thebanischen Sonderbriefmarken – denen gegenüber unsere sonstigen thebanischen Merkwürdigkeiten wie Ödipus oder Antigone an Bedeutung verblassen –, pflegt doch unsere Post auch das Gefühl für den schlichten Anstand, und da verlangt denn eben das Überbringen von Postsachen einen Takt, der die Kenntnis des Postinhalts logischerweise voraussetzt: Stellen Sie sich vor, ich bringe einen traurigen Brief und pfeife dabei einen Gassenhauer oder komme mit einer Freudenbotschaft, doch mit Trauermiene: Die Post hätte menschlich versagt. Doch nun über den Brief, den ich in Händen halte, kein Sterbenswörtchen mehr.

Er geht zum Vorhang und will klingeln, hält jedoch inne, wendet sich wieder dem Publikum zu.

Nur: Peinlich ist er. Nicht nur orthographisch. Denn es ist offensichtlich, daß diese Elier den Titel ›Säuberer Griechenlands‹ allzu wörtlich nehmen und ein Ansinnen stellen, das Herkules tief beleidigen muß und nicht nur ihn, die ganze Nation wäre bestürzt, würde das Angebot bekannt. Ich erbleichte, als ich den Inhalt las. Und nicht nur ich, auch meine Frau wurde totenblaß und ebenso der Bäcker Antipoinos, der Metzger Likymnios, der Schreiner Myrmion, der Spengler Opheltes, der Weinhändler Krotos, der Wirt Oineus, der Polizist Triops, der Boxer Merops, der Priester Panopeus, die Vorstadthetäre Pyrene – außerordentlich preiswert und reinlich, singt, tanzt, rezitiert ausgezeichnet, besonders Klassiker, die Post kann sie wärmstens empfehlen, Mittlerer Stadtgraben sechzehn – mit einem Wort, jeder, der den Brief las, entsetzte sich. Das unter uns. Ich bin Briefträger, habe die Geschicke der Welt auszutragen und nicht zu bejammern und die Post kommentarlos abzuliefern.

Er klingelt. Die Klingel ist diesmal hörbar.
Polybios erscheint.

LICHAS Bitte. *Überreicht Polybios den Brief.*
POLYBIOS Danke. *Nimmt den Brief und verschwindet wieder.*
LICHAS Meine Damen und Herren, passen Sie auf. Nun geht im Hause des Herkules der Teufel los. *Nach links ab.*

Stille.
Im Hause Riesengepolter, Klirren.
Dann ein Stöhnen.
Stille.
Dann stürzt wütend Herkules heraus.

HERKULES Ich gehe zum Wirt Oineus! Saufen! *Rechts ab.*

Stille.
Dann kommen von links die zwei Bühnenarbeiter, in Ärztekitteln, mit Bahre, verschwinden im Haus.
Unmittelbar darauf kommen die beiden Bühnenarbeiter mit einer unkenntlichen Gestalt auf der Bahre wieder aus dem Haus und verschwinden links.

Wie sie abgehen, tritt von rechts Polybios auf. Er hat einen Verband mehr und geht an einer Krücke.

POLYBIOS Auf der Bahre bin ich. Kaum hatte ich Herkules den Brief des Augias vorgelesen und die finanziell günstige Seite des Angebots nur behutsam angedeutet, als er mich die Treppe hinunter und in den Hof hinaus warf. Außer einem Beinbruch und einigen Schnittwunden trug ich zwar nichts davon, doch konnte ich mich nun erst eine Woche später hinter meine neue Aufgabe machen. Das Angebot des Augias mußte angenommen werden, daran gab es nichts zu rütteln, schuldete mir doch der verehrte Meister jetzt schon den Lohn von vierzehn Monaten, ein bitteres Jahr war seit unserer so unglücklich verlaufenen Eberjagd vergangen. Ich mußte mein Geld haben, und hätte der Nationalheld dafür die Hölle mit meinen Knochen blank gescheuert. Ich beschloß, mit Deianeira zu reden, denn eine neue Unterhaltung mit Herkules über dieses Thema wäre wohl mit Lebensgefahr verbunden gewesen.

6. *Im Hause des Herkules in Theben*

Polybios bleibt rechts stehen.
Der Podiumsvorhang teilt sich.
Deianeira in einem griechischen Interieur. Sie sitzt auf
einem griechischen Kanapee und bürstet die Löwenhaut.

DEIANEIRA Die Heftigkeit tut mir leid, Polybios, mit der
  dich Herkules behandelt hat.
POLYBIOS O bitte.
DEIANEIRA Herkules schätzt dich. Seine Schale ist rauh,
  aber sein Herz ist gut.
POLYBIOS Das ist auch das wichtigste.
DEIANEIRA Dein Bein schmerzt wohl noch?
POLYBIOS Hauptsache, daß ich kein Fieber mehr habe.
DEIANEIRA Und was führt dich zu mir?
POLYBIOS Der Präsident von Elis schrieb einen Brief.
DEIANEIRA Der drollige Bauer, der von Herkules ver-
  langt, er möge ihm das Land ausmisten? Ich mußte
  über diese Geschichte furchtbar lachen.
POLYBIOS Ich hatte leider noch keine Gelegenheit dazu,
  Madame. Mein Bein.
DEIANEIRA Natürlich, Polybios. Dein Bein.

Sie schweigt verlegen, bürstet weiter.

DEIANEIRA Du meinst doch nicht etwa, wir hätten den
  Auftrag annehmen sollen?

POLYBIOS Madame, in Anbetracht unserer Schulden –

Sie starrt ihn verwundert an.

DEIANEIRA Wir haben Schulden?
POLYBIOS In der Tat, Madame.
DEIANEIRA Viele?
POLYBIOS Wir werden von den Gläubigern belagert, und von den Betreibungen mag ich gar nicht erst reden. Wir stehen vor dem Konkurs, Madame.

Schweigen. Trotziges Bürsten.

DEIANEIRA Ich verkaufe meinen Schmuck.
POLYBIOS Madame, Ihre Steine sind nicht mehr echt. Wir waren gezwungen, sie durch falsche zu ersetzen. Nichts in diesem Hause ist mehr echt.
DEIANEIRA Nur die Löwenhaut.

Sie schüttelt sie. Eine wahre Staubwolke breitet sich aus.

POLYBIOS *hustet* Sehr wohl, Madame.

Deianeira bürstet weiter, hält dann inne.

DEIANEIRA Wieviel bietet Augias?
POLYBIOS Das auszurechnen ist kompliziert. Die Elier sind ein Bauernvolk. Fleißig, einfach, ohne Kultur. Sie vermögen nur bis drei zu zählen. Sie haben eine Pergamentrolle mit lauter Dreis beschrieben, die ich noch zusammenzähle. Doch sind es bis jetzt über dreihunderttausend Drachmen.

DEIANEIRA Wären wir damit saniert?
POLYBIOS Im großen und ganzen.
DEIANEIRA Ich will mit Herkules reden.
POLYBIOS Ich danke Ihnen, Madame.

Polybios humpelt erleichtert nach rechts.

POLYBIOS Das wäre geschafft.

Polybios ab.

DEIANEIRA Herkules!

Sie bürstet weiter.

DEIANEIRA Herkules!

*Im Hintergrund erhebt sich Herkules, offensichtlich ver-
katert.*

HERKULES *zögernd* Hallo.
DEIANEIRA *freundlich* Hallo.
HERKULES *mutiger* Spät?
DEIANEIRA Es geht gegen Abend.
HERKULES *etwas erschrocken* Gegen –

Er faßt sich wieder.

HERKULES Eben wach geworden.
DEIANEIRA Setz dich.
HERKULES Lieber nicht. Sonst schlafe ich wieder ein. Du
bürstest?

DEIANEIRA Ich bürste. Deine Löwenhaut sieht wieder einmal unbeschreiblich aus.

HERKULES Ein unmögliches Kostüm. Und viel zu delikat für meinen Beruf.

DEIANEIRA Unmöglich, mein Geliebter, ist vor allem dein Lebenswandel, seit du den Brief des Augias empfangen hast. Du mißhandelst deinen Sekretär, säufst in den Kaschemmen Thebens herum, vergewaltigst die Hetäre Euarete im öffentlichen Stadtpark und wankst erst heute morgen betrunken nach Hause. Mit zwei Mädchen.

Schweigen. Bürsten.

HERKULES *verwundert* Mit zwei Mädchen?

DEIANEIRA Halbverhungerte Dinger aus Makedonien. Ich ließ sie mit dem nächsten Schiff nach Hause spedieren.

Schweigen. Bürsten.

HERKULES Ich habe gräßliche Kopfschmerzen.

DEIANEIRA Kann ich mir denken.

HERKULES Ich erinnere mich an nichts mehr.

DEIANEIRA Die Polizei war hier.

HERKULES Die Polizei?

DEIANEIRA Polizeileutnant Diomedes.

HERKULES Warum hat man mich nicht geweckt?

DEIANEIRA Man versuchte es. Darauf mußte ich den Polizeileutnant persönlich empfangen. Als ich noch im Bade lag.

Schweigen. Bürsten.

HERKULES Du willst doch nicht behaupten –

DEIANEIRA Doch.

HERKULES Du hast diesen Diomedes im Bade –

DEIANEIRA Mein Badezimmer, mein Lieber, ist noch lange kein öffentlicher Stadtpark.

HERKULES Dieser Diomedes ist der berüchtigtste Frauenjäger Griechenlands.

DEIANEIRA Außer dir.

Schweigen. Bürsten.

HERKULES Was wollte der Kerl?

DEIANEIRA Mich informieren.

HERKULES *grimmig* Über die Hetäre Euarete. Kann ich mir vorstellen. Das muß ihm das Luder persönlich erzählt haben, kein Mensch war im Stadtpark Zeuge – wenn die Geschichte überhaupt stimmt.

DEIANEIRA Sie stimmt. Eine Gruppe von Stadtvätern wandelte vorbei. Aber deswegen ist Diomedes nicht gekommen. Du demolierst Banken.

HERKULES Banken?

DEIANEIRA Der Thebanischen Nationalbank legtest du die Säulenreihe vor dem Eingang um, der Dorischen Bank hängtest du die erzenen Türflügel aus, und dem Bankhaus Eurystheus decktest du das Dach ab. Was hast du nur auf einmal gegen Banken?

HERKULES Nichts! Aber ich habe es satt, immer nur Nützliches zu tun und für die Menschheit zu sorgen! Das ewige Roden, Sümpfe austrocknen und Ungeheuer erlegen hängt mir zum Halse heraus, und diese vollgestopften zufriedenen Bürger, die von meiner Nützlichkeit profitieren, kann ich nicht mehr sehen!

Ich muß einfach hin und wieder rasen! Und im übrigen habe ich Schulden! Ich gehe wieder schlafen.

Deianeira bürstet.

HERKULES Dieser verfluchte Staub.
DEIANEIRA Ich habe ein ernstes Wort mit dir zu reden.
HERKULES Ein ernstes Wort? Aber schon den ganzen Morgen –
DEIANEIRA Es ist spätnachmittags.
HERKULES Aber schon den ganzen Spätnachmittag redest du ein ernstes Wort mit mir.

Deianeira deutet aufs Kanapee.

HERKULES Bitte.

Er setzt sich rechts aufs Kanapee neben Deianeira.

DEIANEIRA Herkules. Seit einem Jahr arbeitest du nicht mehr.
HERKULES Der verdammte Erymanthische Eber.
DEIANEIRA Als Nationalheld kannst du dir keine Erfolglosigkeit leisten.
HERKULES Kein Mensch glaubt mir die Geschichte mit der Gletscherspalte.
DEIANEIRA Alpinistische Geschichten sind immer unglaubwürdig. Deshalb müssen wir das Angebot des Augias annehmen.

Schweigen.

DEIANEIRA Es bleibt uns nichts anderes übrig.

Schweigen.

HERKULES Deianeira! Ich habe meinen Sekretär Polybios
die Treppe hinunter und zur Türe hinaus in den Hof
geschmettert, wie er nur die leiseste Andeutung über
dieses Thema machte.

DEIANEIRA Nun, willst du mich auch irgendwohin
schmettern?

HERKULES Du kannst doch unmöglich von mir verlangen,
daß ich misten gehe!

DEIANEIRA Wir haben Schulden!

HERKULES Ich habe die schrecklichsten Ungeheuer erlegt,
die Giganten besiegt, die Riesen Geryones und Antaios, das Himmelsgewölbe habe ich getragen, das
Riesengewicht seiner Sterne. Und nun soll ich das
Land eines Mannes ausmisten, der nur bis drei zählen
kann und nicht einmal König ist, sondern nur Präsident? Niemals!

DEIANEIRA Das Haus wird gepfändet.

HERKULES Ganz Griechenland würde in ein Höllenge-
lächter ausbrechen.

DEIANEIRA Wir stehen vor dem Konkurs.

HERKULES Ich weigere mich.

DEIANEIRA Das kannst du dir nicht leisten. Nicht das ist
wichtig, was einer tut, sondern wie er es tut. Du bist
ein Held, und so wirst du auch als ein Held ausmisten.
Was du tust, wird nie lächerlich sein, weil du es tust.

Schweigen. Bürsten.

HERKULES Deianeira.
DEIANEIRA Herkules?

HERKULES Ich kann nicht. Ich kann nicht. Ich kann nicht.

Schweigen.
Sie legt die Bürste weg, erhebt sich.

DEIANEIRA Dann nehme ich eine Woche Urlaub.
HERKULES Urlaub? *Er blickt sie unsicher an.* Wozu?
DEIANEIRA Um den Bankier Eurystheus zu besuchen und den Waffenhändler Thykidides, die beiden reichsten Männer Griechenlands, und alle Könige, einen nach dem andern.

Schweigen.

HERKULES Was willst du bei diesen Gnomen?
DEIANEIRA Du sollst von nun an der reichste Grieche sein. Ich bin nicht umsonst die berühmteste Hetäre dieses Landes gewesen, bevor ich deine Geliebte wurde.
HERKULES *erhebt sich* Ich bringe sie alle um.
DEIANEIRA Das bringt dir nichts ein.
HERKULES Das ist doch Wahnsinn.
DEIANEIRA Wir haben Geld nötig.
HERKULES Du bleibst.
DEIANEIRA Ich gehe.

Sie mustern sich.

HERKULES Ich gehe. Nach Elis. Ausmisten. Lieber Stallknecht als Zuhälter. *Er geht nach hinten.* Ich muß wieder ins Bett.

*Deianeira legt ruhig die gereinigte Löwenhaut zu-
sammen.*

DEIANEIRA Polybios!

Von rechts humpelt Polybios auf das Podium.

POLYBIOS Madame?
DEIANEIRA Laß packen. Vergiß vor allem meine Bade-
wanne nicht. Wir gehen morgen nach Elis. Mit dem
Kursschiff nach Ithaka.

Sie geht mit der Löwenhaut nach hinten.

POLYBIOS Das wäre geschafft. Meine Damen und Herren,
nach der Pause kann die Geschichte ›Herkules und der
Stall des Augias‹ endlich beginnen. Wirklich beginnen.

Vorhang.

Auf dem Mist das heruntergelassene Podium, darauf die Löwenhaut. Der Vorhang geöffnet. In einer griechischen Badewanne Deianeira. Links und rechts vom Podium je ein Zelt.

DEIANEIRA Endlich sind wir in Elis angekommen. Die Reise ins Innere des Landes war fürchterlich. Herkules karrte mich durch schauerliche Sümpfe, traversierte fürchterliche Pässe zwischen himmelragenden Massen, riß den Reisewagen über riesenhafte Fladen, Millionen von gackernden Hühnern aufscheuchend, Mistkäfer im Bart und den Leib mit Fliegen bedeckt, und als wir endlich die Hauptstadt erreichten, nahm die Begrüßungszeremonie kein Ende. Mit Grauen denke ich an die Art, wie man in diesem Lande Unmengen von Schweinen und Ochsen und Tonnen von Bohnen verzehrt, ganze Fässer von Kornschnaps leert und dazu unendliche Festreden hält. Und erst die Begrüßungsküsserei! Ich konnte schließlich nur noch still vor mich hinweinen, bin ich doch aus einem Lande gekommen, wo Frauen nichts und die Hetären alles gelten, und in eine Gegend verschlagen, wo nicht einmal die Hetären etwas zu sagen haben. O siebentoriges Theben, o meine goldene Burg Kadmeia, wie konnte ich euch verlassen! Gewiß, die Ankunft wäre überstanden, das Ärgste überwunden. Wir befinden uns nicht einmal mehr in Elis, sondern auf einem Felsen in der Nähe der Stadt, der wie eine Insel aus den Mistmeeren ragt, mit einer silbernen Quelle, mit deren Wasser ich meine Badewanne füllte. *Sie steigt aus dem Bad, trocknet sich ab.* Es geht gegen Morgen. Der Mond ist im Sinken begriffen.

Der Mond sinkt gegen den Horizont. Deianeira setzt sich auf die Löwenhaut.

DEIANEIRA Stille. Nur die Quelle murmelt. Herkules und Polybios schlafen in ihren Zelten. Ich sitze auf der Löwenhaut meines Geliebten und starre in den Mond, der selbst Elis' Mistgebirge in sanfte blaue Hügel verwandelt.

Aus dem Hintergrund kommt Phyleus.

DEIANEIRA Auf einmal steht ein Jüngling vor mir, unbeholfen und in hohen Stiefeln. Er blickt mich mit großen Augen an, senkt den Blick. Wie weißer Marmor glänzt mein Leib in der Mondnacht, so schön, so verlockend, daß der junge Mann die Augen nicht wieder aufzuschlagen wagt.

Schweigen.

DEIANEIRA Wer bist du?
PHYLEUS Ich –
DEIANEIRA Kannst du nicht reden?
PHYLEUS Ich bin Phyleus, der Sohn des Augias.
DEIANEIRA Was willst du?

PHYLEUS Ich – sah dich baden.

DEIANEIRA Und?

PHYLEUS Ich – ich sah noch nie eine Frau baden.

DEIANEIRA Kann ich mir denken.

PHYLEUS Ich – ich bin gekommen, Herkules zur Besichtigung des Mistes abzuholen. Ich bringe Stiefel mit.

Er stellt ein Paar Stiefel auf den Boden.

DEIANEIRA Mitten in der Nacht?

PHYLEUS Verzeih.

DEIANEIRA Willst du mir nicht die Wahrheit sagen?

PHYLEUS Ich kannte nichts anderes als Pferde, Ochsen, Kühe und Schweine, bevor ihr gekommen seid. Ich wuchs auf, wie jeder in Elis aufwächst. Roh, handfest, gut geprügelt und gut prügelnd. Doch nun habe ich Herkules gesehen und dich, und es ist, als sähe ich zum ersten Male Menschen und als wäre ich nichts weiteres als ein zottiges Tier.

DEIANEIRA Darum bist du hieher gekommen?

PHYLEUS Ich mußte in eurer Nähe sein.

DEIANEIRA Du bist noch jung.

PHYLEUS Drei mal drei mal zwei.

DEIANEIRA Willst du dich nicht zu mir setzen?

PHYLEUS Du bist doch – ich meine, nie vorher sah ich eine unverhüllte Frau.

DEIANEIRA Oh! Ich bedecke mich mit der Löwenhaut. Willst du nun kommen?

PHYLEUS Wenn ich darf.

Er setzt sich furchtsam zu ihr.

DEIANEIRA Ich bin müde, aber ich konnte nicht schlafen.

Ich fürchtete mich vor diesem Land, vor diesen unge-
stümen Menschen, und wie der Mond sich mit einem
Mal neigte, ganz plötzlich, gegen die Hügel hin, war
es, als greife etwas Unbekanntes nach mir, Herkules
und mich zu töten. Da bist du gekommen. Ein junger
Mensch mit einem warmen Leib und mit guten Augen.
Ich will meine Wange an deine Wange legen und
meinen Leib an deinen Leib schmiegen und nicht mehr
Angst haben, wenn der Mond nun versinkt.

Der Mond versinkt.

8. *Mondnacht* II

Polybios steckt seinen Kopf aus seinem Zelt links.

POLYBIOS Doch war dies nicht das einzige Gespräch in dieser mondhellen Nacht. Auch Herkules konnte in seinem Zelt, das er sich bei der Quelle errichtet hatte, nicht schlafen. Die Ungeduld, mit der ihn die elische Frauenwelt begrüßt hatte, machte ihm Sorgen.

Herkules kommt aus dem Zelt rechts, setzt sich vor den Eingang.

POLYBIOS Auch Herkules verließ sein Lager und starrte in den Mond –

Der Mond steigt wieder auf.

POLYBIOS – der – wie wir schon wissen – die elische Landschaft verzauberte, und mit einem Male stand auch vor ihm eine Gestalt, ein riesenhafter, zerlumpter Kerl –
HERKULES Wer bist du?
KAMBYSES Ich –
HERKULES Kannst du nicht reden?
KAMBYSES Ich bin Kambyses, der Stallknecht des Augias.
HERKULES Ich bin Herkules aus Theben. Du hast wohl schon von mir gehört.
KAMBYSES Eben.

HERKULES Warum bist du gekommen?

KAMBYSES Um dich zu warnen.

HERKULES Ich will ja nur dieses Land ausmisten.

KAMBYSES Der Mist steht zu hoch.

HERKULES Ich staue die Flüsse Alpheios und Peneios und schwemme den Mist in den Ozean, und wenn ich das Ionische Meer verpeste.

KAMBYSES Wird dir nicht gelingen.

HERKULES Du bist ein kluger Mann, Kambyses. Du wirst mir helfen können.

KAMBYSES *verwundert* Helfen? Einem Helden?

HERKULES Wenn du tust, was ich dir sage.

KAMBYSES Was soll ich denn tun?

HERKULES *zögernd* Sieh, man erzählt viele Geschichten von mir. Wie ich schon als Säugling zwei Schlangen erwürgt haben soll und später einen Löwen, wie ich Riesen tötete und die Hydra, der immer zwei Köpfe nachwuchsen, wenn ich einen abschlug.

KAMBYSES Du bist eben ein Held.

HERKULES Nur mein Beruf. Leider erzählt man noch andere Geschichten. Geschichten von Frauen.

KAMBYSES *erfreut* Geschichten von Frauen mag ich gern.

HERKULES Gerade diese Geschichten sind populär.

KAMBYSES Was erzählt man denn?

HERKULES *etwas geniert* Ich möchte nicht auf Einzelheiten eingehen. Doch soll ich viele Frauen und Mädchen verführt haben, erzählt man sich.

KAMBYSES *neugierig* Hast du denn viele verführt?

HERKULES Schließlich bin ich ein Nationalheld. Doch man übertreibt. So erzählt man, ich hätte in einer Nacht neunundvierzig der fünfzig Töchter des Königs Thespios verführt

KAMBYSES *verständnislos* Neunundvierzig?

HERKULES Drei mal drei mal drei mal zwei weniger drei weniger zwei.

KAMBYSES Das hast du nicht getan?

HERKULES Ich bitte dich, wer hat schon so viele Töchter.

KAMBYSES Natürlich.

HERKULES Siehst du.

KAMBYSES Und was willst du nun von mir?

HERKULES Das ist schwierig zu erklären. Ich möchte mit den Frauen nicht mehr viel zu tun haben, verstehst du? Ich liebe eine Frau, eine herrliche Frau, und überhaupt bin ich in einem Alter – ich möchte sagen, daß mir ein geruhsameres Leben vorschwebt, als es den Gerüchten entspricht, die über mich umgehen. – Ich möchte mich ganz auf meine Aufgabe beschränken, Mammuts zu töten, Raubritter und was es sonst noch für nützliche Arbeiten gibt im Lande – wie hier zum Beispiel das Ausmisten.

KAMBYSES Ich verstehe.

HERKULES Eben.

KAMBYSES Ich soll deine Liebesgeschichten dementieren.

HERKULES *zögernd* Nicht eigentlich. Das kann man nicht eigentlich sagen. Eher das Gegenteil.

KAMBYSES *verwundert* Das Gegenteil?

HERKULES Siehst du, Kambyses: Gerade diese Frauenge-schichten, so unangenehm sie auch sind, bilden einen wichtigen Bestandteil meines Berufs – ich meine, das Volk will, daß ich Frauen- und Mädchenherzen breche – das gehört sich einfach für einen Nationalhelden.

KAMBYSES Klar.

HERKULES Ich kann es mir einfach nicht leisten, nicht nach dem Wunsche des Volks zu leben, ich muß schließlich darauf achten, daß ich Aufträge bekomme, und geschäftlich geht es mir gar nicht etwa besonders. Und dennoch muß ich meine Ruhe haben.

KAMBYSES Nun?

HERKULES *vorsichtig* Du hast doch meine Figur.

KAMBYSES *stolz* Man könnte es glauben. So im Dunkeln. Ich bin der größte Elier. Und Muskeln – fühl mal.

HERKULES Eben. Im Dunkeln. Ich meine – ich stelle mir vor – du könntest doch in meinem Zelt schlafen.

KAMBYSES Warum denn?

HERKULES Kambyses. Ich bin sicher, daß du darauf kommst, wenn du nur scharf nachdenkst.

KAMBYSES Aha.

HERKULES Du bist drauf gekommen?

KAMBYSES Jetzt.

HERKULES Einverstanden?

KAMBYSES Denk wohl[1].

HERKULES Und du schweigst?

KAMBYSES Ehrenwort.

HERKULES Nur mußt du dich vorher baden.

KAMBYSES Baden?

HERKULES Damit man glaubt, daß du ich bist.

KAMBYSES *bestimmt* Dann lieber nicht.

HERKULES Was soll das heißen?

KAMBYSES Ich bade nicht.

HERKULES *drohend* Du wirst aber baden.

KAMBYSES *hartnäckig* Nein, Herr, nie. Und wenn ich hundertmal ein Nationalheld sein kann. Ein elischer Sauhirt badet nicht –

---

[1] Anmerkung für Nicht-Elier: Denk wohl = Ich denke schon. (Der Übers.)

Herkules packt Kambyses.
Dunkelheit.
Gurgeln, Prusten, Wassergüsse.
Aus dem Zelt links wird der Kopf des Polybios sichtbar.

POLYBIOS Kambyses wurde gebadet, und wie der Mond
    untergegangen war –

Der Mond geht wieder unter.

POLYBIOS – und die Sonne kam und sich die sanften
    blauen Hügel wieder in Mistberge zurückverwandel-
    ten und ich mein Zelt verließ, stand Herkules schon
    vor dem seinen, als wäre nichts geschehen.

Licht. Heller Morgen.
Vor seinem Zelt steht Herkules, Polybios kommt aus dem
seinen.

HERKULES Guten Morgen.
POLYBIOS Guten Morgen.

Herkules turnt.

HERKULES Es mistelt.
POLYBIOS Dampft.
HERKULES Die elischen Mistberge sind ganz nah.
POLYBIOS Föhn.
HERKULES Wie geht es deinem linken Arm?
POLYBIOS Ich kann ihn schon bewegen.
HERKULES Dem rechten Bein?
POLYBIOS Schmerzt nicht mehr.

Herkules massiert sich das Genick.

HERKULES Ich weiß nicht. Dieser elische Kornschnaps –
POLYBIOS Ich bereite das Frühstück. Bohnen, Speck und
  Rindfleisch. Das elische Nationalgericht.
HERKULES Machen wir uns an die Arbeit.

Sie bemerken gleichzeitig Deianeira und Phyleus.
Schweigen.

HERKULES Donnerwetter.
POLYBIOS Ich bin bestürzt, verehrter Meister.
HERKULES Wer ist –?
POLYBIOS Keine Ahnung, verehrter Meister
HERKULES Wie kommt er –?
POLYBIOS Soll ich Ihre Keule holen?
HERKULES Unsinn, Polybios. Ich bin kein Menschenfres-
  ser. Weck ihn auf. Aber vorsichtig.

Polybios berührt Phyleus mit der Krücke.

POLYBIOS He!

Phyleus fährt aus dem Schlafe auf.

PHYLEUS Oh!

Er starrt Herkules und Polybios erschrocken an.

HERKULES *leise* Verzeih, wenn wir stören.
PHYLEUS *verlegen* Deianeira bat mich –

HERKULES *leise* Nicht so laut, sonst wacht sie auf.
PHYLEUS *leise* Deianeira bat mich, sich zu mir legen zu
    dürfen.
HERKULES Offenbar.

Schweigen.

HERKULES Wer bist du denn eigentlich?
PHYLEUS Phyleus, der Sohn des Augias.
HERKULES Erfreut.

Schweigen.

PHYLEUS *verlegen* Ich bin gekommen, dich zu besuchen.
HERKULES Offensichtlich.
PHYLEUS Ich habe dir Stiefel mitgebracht.

Er weist auf die Stiefel hin.

HERKULES Die braucht man auch bei diesem Terrain.
PHYLEUS Ich dachte, du willst heute den elischen Mist
    besichtigen.
HERKULES Der elische Mist muß nicht besichtigt, er muß
    beseitigt werden, mein Junge. Ich mache mich noch
    diesen Morgen an die Arbeit und staue die Flüsse. Ich
    habe es deinem Vater bereits angekündigt.
PHYLEUS Darfst du noch nicht.
HERKULES *stutzt* Was darf ich noch nicht?
PHYLEUS Die Flüsse stauen.
HERKULES Weshalb?
PHYLEUS Weil du noch nicht die Genehmigung des Was-
    seramtes bekommen hast.

HERKULES *zornig* Des Wasseramtes?
PHYLEUS *leise* Nicht so laut. Wegen Deianeira.

Schweigen.

HERKULES *leise* Wozu brauche ich eine Genehmigung des
Wasseramtes?
PHYLEUS Weil wir in Elis sind. Für alles braucht man in
Elis eine Genehmigung.

Schweigen.

HERKULES Gib die Stiefel her.

Er zieht die Stiefel an.

HERKULES Polybios.
POLYBIOS Verehrter Meister Herkules?
HERKULES Wir gehen zu Augias.

Polybios erbleicht.

POLYBIOS Verehrter Meister. Sie können über mich verfü-
gen, ich bin Ihr Privatsekretär, einverstanden. Es gibt
aber Grenzen des Menschenmöglichen. Ich habe mich
mit Ihnen ohne zu zögern in die stinkenden lernäischen Sümpfe zu der Riesenschlange Hydra vorge-
wagt, ich bin beinahe widerspruchslos auf den verei-
sten Gipfel des Olymp geklettert, doch in diesen Mist
steige ich nicht ein zweites Mal hinunter.

Herkules hat die Stiefel angezogen.

HERKULES Gehn wir.

*Er geht nach rechts, Polybios humpelt ihm nach, Herkules
bleibt noch einmal vor Phyleus stehen.*

HERKULES Bleib sitzen. Bewache den Schlaf dieser schönen Dame weiter.

Er geht nach rechts ab.

POLYBIOS Junger Mann, sei froh, daß du noch lebst.

Er humpelt Herkules nach.

9. Im Stall des Augias II

Von links hinten kommen die zwei elischen Bühnenarbeiter mit der Bahre und eilen nach rechts vorne hinaus. Dann treten Augias und sein Knecht Kambyses auf, beide mit Milchkesseln und umgebundenen Melkstühlen.

AUGIAS Es ist mir eine besondere Ehre, von meinen hundert Kühen die vier besten vorstellen zu dürfen – reich das Melkfett herüber, Kambyses.

Sie fetten sich beide die Hände ein.

AUGIAS Das Euter muß behutsam angefaßt werden. Melken ist eine kräftige, doch zarte Kunst – Rechts außen Scheck, ein rotgeschecktes wahres Prachtsexemplar von einem elischen Höhenfleckvieh. Zuverlässig und ausgiebig. Neben ihr Krone. Diese Kuh – Sie sehen, sie ist gedrungener, breiter, die Hörner sind stumpfer – leuchtet wie Gold in der Morgensonne, die durch die Ritzen des Stalles dringt und die warme Dunkelheit durchschneidet – Gib Scheck und Krone noch etwas Heu, Kambyses, und den beiden andern auch.

Kambyses nimmt eine Heugabel und tut, als gäbe er Heu.

AUGIAS Ich liebe es, im Stall zu arbeiten, in meinem Stall, und all den Plunder zu vergessen, mit dem sich

ein Präsident herumschlagen muß. Die großen stillen
Tiere beruhigen mich, besonders wenn ich vom Regie-
ren komme wie jetzt – wir hatten eben eine stürmische
Nachtsitzung, besonders beschwerlich nach den Empfangsfeierlichkeiten für unseren Nationalhelden, und
was die berühmten Nachtsitzungen unseres Großen
Nationalen Rats betrifft – seien wir ehrlich, der
schlimmste Mist wird auch bei uns nicht immer in den
Ställen produziert – Krone war übrigens bereits vier-
zehnmal trächtig, eine wackere, geduldige Leistung –
eben muhte sie sanft – und betrachtet Sie, meine
Damen und Herren, mit jenem königlichen Blick, der
unserer einheimischen Niederungsrasse, unserem Ur-
vieh, eigen ist. Aber ich muß Platz machen.

*Die zwei Bühnenarbeiter tragen von rechts vorne eine
unkenntliche Gestalt nach links hinten.*

AUGIAS Verzeihen Sie. Ein Verunglückter wird ins Spital
getragen. Das elische Terrain hat seine Tücken.

Er schaut der Bahre nach.

AUGIAS Polybios. Tut mir leid. Er sauste einen Dünger-
steilhang hinunter und schlug durch das Stalldach auf
meinen besten Muni hinab – na, unser Doktor Aesku-
lap von Bäzikofen wird die beiden schon wieder zu-
sammenflicken. – Doch kehren wir zu meinen Preis-
kühen zurück. Das ist Bleß, typisches graubraunes
Höhenvieh vom oberen Peneios, fünfzehn Liter im
Tag, der Bauch im unteren Teil und die innere Ohrmu-
schel weißschimmernd – brav, brav, meine Prächtige,

werde dich schon melken – endlich Lady, meine ma-
kellose schwarze Schönheitskönigin, fünfmal preisge-
krönt, zwanzig Liter im Tag – Sie, das leistet die
spielend! – der Stolz unserer elischen Milchwirtschaft.
Doch genug geschwatzt, ich muß mich mit meinem
Knecht an die Arbeit machen.

*Sie setzen sich, Augias links, Kambyses rechts, tätscheln
die nur in der Einbildungskraft des Publikums vorhande-
nen Kühe.*

AUGIAS Ruhig, Bleß.
KAMBYSES Ruhig, Scheck.

*Sie beginnen zu melken. Von rechts hinten kommt Her-
kules.*

HERKULES Augias, ich habe mit dir zu reden.
AUGIAS Ruhig, Bleß.
KAMBYSES Ruhig, Scheck.
HERKULES Ein Scheißweg führt zu dir.
AUGIAS Tut mir leid, daß dein Sekretär –
HERKULES O bitte. Ich schmiß ihn selbst in deinen Stall
hinab.
AUGIAS Ach so.
HERKULES Aus Wut, deinen Auftrag angenommen zu
haben.
KAMBYSES Ruhig, Scheck.
HERKULES Ich zerstampfe dein Bauernparadies, ich schik-
ke deine Mistrepublik zur Hölle.
AUGIAS Ruhig, Bleß.
HERKULES Ich tobe und du melkst!

KAMBYSES Diese verdammten Fliegen.
AUGIAS Setz dich.
HERKULES Zwischen die Kühe?
AUGIAS Sie tun dir nichts.
KAMBYSES Binde einen Melkstuhl um.

Er wirft ihm einen Melkstuhl zu, den Herkules umbindet.

HERKULES Auch das noch.
AUGIAS Praktisch.
KAMBYSES Bequem.
AUGIAS Ruhig, Scheck.
KAMBYSES Ruhig, Bleß.

Die beiden melken ruhig weiter. Herkules setzt sich in die Mitte der Bühne.

AUGIAS Gute Milch.
KAMBYSES Prima Milch.

Die beiden tauchen einen Finger in den Kübel, lecken ihn ab.

AUGIAS Willst du auch versuchen?
HERKULES Nein.
AUGIAS Dann nicht.
HERKULES *empört* Ich soll die Genehmigung des Wasseramtes abwarten, bevor ich ausmiste.
AUGIAS Warum nicht.
HERKULES Wohl wahnsinnig geworden.
AUGIAS Ruhig, Bleß.
KAMBYSES Ruhig, Scheck.
HERKULES Keine hundert Mammuts bringen mich hin.

Kambyses fischt etwas aus seinem Milchkessel und wirft es dann fort.

KAMBYSES Ein Mistkäfer ist von der Decke in die Milch gefallen.

AUGIAS Macht nichts.

KAMBYSES Kommt immer wieder vor.

Die beiden melken weiter.

HERKULES Ich hasse Ämter!

AUGIAS Ich auch. Aber sie sind nun einmal da. Die Genehmigung des Wasseramtes bekommst du sicher ziemlich augenblicklich, so in zwei drei Wochen, nur mußt du dich nachher noch beim Fremdenamt melden.

HERKULES Beim Fremdenamt!

KAMBYSES Ruhig, Scheck.

AUGIAS Und beim Arbeitsamt.

KAMBYSES Auch beim Tiefbauamt.

HERKULES *dumpf* Beim Tiefbauamt.

AUGIAS Hast du dessen Bewilligung, meldest du dich beim Finanzamt.

HERKULES *wischt sich den Schweiß ab* So vermistet ihr seid, Ämter habt ihr trotzdem.

AUGIAS Gerade darum.

KAMBYSES Ein Mistamt haben wir auch.

AUGIAS Dort mußt du ebenfalls vorsprechen. Tut mir leid, ich hätte dir das alles gern ersparen wollen, aber so ist es letzte Nacht im Großen Nationalen Rat beschlossen worden.

HERKULES Ich demolierte in Theben das Stadthaus, als mir das Steueramt Schwierigkeiten bereitete.

AUGIAS Ruhig, Bleß.

HERKULES Und jetzt bildet man sich ein, ich würde mich hier auf den Ämtern herumtreiben!

KAMBYSES Ruhig Scheck.

AUGIAS Wenn du unsere Gesetze achten willst, bleibt dir nichts anderes übrig.

HERKULES *trotzig* Ihr habt mich aufgefordert, auszumisten, nicht ich habe euch gebeten.

AUGIAS Aber du hast den Auftrag angenommen.

Schweigen.
Die beiden melken ruhig weiter.

HERKULES *müde* Dieses Land bringt mich noch um den Verstand, diesen warmen Dampf über allen Dingen halte ich nicht mehr aus!

Augias erhebt sich würdig und steht nun Herkules gegenüber.

AUGIAS Herkules. Auf meinen Rat hin bist du gerufen worden, weil ich wußte, daß die Elier aus eigener Kraft nie ausmisten, sondern stets nur davon reden würden. Und nun bist du da. Eine ungeheure Kraft, die unsere Heimat umzugestalten vermag. Aber damit ist auch mein Werk getan. Von nun an darf ich keinen Finger mehr für dich rühren. Die Elier haben ihre große Gelegenheit bekommen, ihren Staat in Ordnung zu bringen, sie müssen jetzt selber sehen, ob sie ihre Chance auszunützen verstehen. Ich bin kein Revolutionär. Ich bin der Präsident dieses Landes und habe mich an seine Gesetze zu halten. Ich bitte dich, es auch

zu tun. Darum nimm den Kampf gegen die Ämter
ebenso mutig auf, wie du ihn gegen die Ungeheuer
aufzunehmen pflegst, demoliere sie nicht, überzeuge
sie: Denn du bist unser aller Prüfstein geworden. Geh
nun, laß deine Wut fahren, unterziehe dich dem, was
hier als notwendig erachtet wird, auch wenn es gegen
jegliche Vernunft zu sein scheint.

Nun erhebt sich auch Kambyses.

KAMBYSES Letzte Nacht hast du mir einen Rat gegeben,
Herkules von Theben, und nun gebe ich dir einen Rat:
Miste jetzt aus, sonst wirst du nie ausmisten, den
Kampf mit den elischen Ämtern hat noch jeder verlo-
ren. Staue die Flüsse Alpheios und Peneios noch heute
und schwemme dieses verfluchte Elis ins Meer, auch
auf die Gefahr hin, daß nichts bleibt als der nackte
Fels: Es ist nicht schade darum.

Er setzt sich wieder, melkt weiter.

KAMBYSES Ruhig, Krone.
AUGIAS Verzeih. Aber ich muß weitermelken.

Setzt sich ebenfalls.

AUGIAS Ruhig, Lady.

Schweigen.
Herkules schnallt den Melkstuhl ab.

HERKULES Ich bin ein gutmütiger Mensch, Präsident

Augias. Ich will die Gesetze dieses Landes achten und mich auf den Weg machen. Zum Wasseramt.

Er geht nach hinten ab.
Augias und Kambyses melken weiter.

AUGIAS Ruhig, Lady.
KAMBYSES Ruhig, Krone.

10. Auf dem Felsen

Auf dem Podium, der Vorhang ist geöffnet, Deianeira und Phyleus. Links und rechts die beiden anderen Zelte.

DEIANEIRA
> Ungeheuer ist viel. Doch nichts
> Ungeheurer, als der Mensch.
> Denn der, über die Nacht
> Des Meers, wenn gegen den Winter wehet
> Der Südwind, fähret er aus
> In geflügelten, sausenden Häusern.

PHYLEUS Schön, was du da sagst.

DEIANEIRA Ein Gedicht des Sophokles.

PHYLEUS Wir kennen keine Gedichte. Wir brauchen die Sprache nur, um Vieh einzuhandeln.

DEIANEIRA
> Und der Himmlischen erhabene Erde
> Die unverderbliche, unermüdete
> Reibet er auf; mit dem strebenden Pfluge
> Von Jahr zu Jahr
> Treibt sein' Verkehr er, mit dem Rossegeschlecht
> Und leichtträumender Vögel Welt
> Bestrickt er und jagt sie;
> Und wilder Tiere Zug
> Und des Pontos salzbelebte Natur
> Mit gesponnenen Netzen
> der kundige Mann.

PHYLEUS Ich verstehe diese Worte. Der Mensch soll über die Erde herrschen.

DEIANEIRA Dazu ist uns die Erde gegeben: Daß wir das Feuer bändigen, die Gewalt des Windes und des Meeres nutzen, daß wir das Gestein zerbrechen und aus seinen Trümmern Tempel und Häuser bauen. Du solltest einmal Theben sehen, meine Heimat, die Stadt mit den sieben Toren und der goldenen Burg Kadmeia.

PHYLEUS *zögernd* Du liebst deine Heimat?

DEIANEIRA Ich liebe sie, weil sie vom Menschen erschaffen ist. Ohne ihn wäre sie eine Steinwüste geblieben, denn die Erde ist blind und grausam ohne den Menschen. Nun hat er sie bewässert und die wilden Tiere getötet; nun ist sie grün, nun sind Olivenbäume und Eichen, Kornfelder und Weinberge. Alles bringt sie nun hervor, was der Mensch braucht: Die Erde hat seine Liebe erwidert.

PHYLEUS Es ist schön, eine Heimat zu haben, die man lieben darf.

DEIANEIRA Die Heimat darf man immer lieben.

PHYLEUS Ich kann die meine nicht lieben. Wir beherrschen unser Land nicht mehr. Es beherrscht uns mit seiner braunen Wärme. Wir sind eingeschlafen in seinen Ställen.

DEIANEIRA Herkules wird ausmisten.

PHYLEUS Ich fürchte mich davor.

DEIANEIRA Fürchten?

PHYLEUS Weil wir es nicht verstehen, ohne Mist zu leben. Weil uns niemand die Möglichkeit des Menschen zeigen wird, sein Vermögen, große und schöne, wahre und kühne Dinge zu tun. Ich fürchte mich vor der Zukunft, Deianeira.

Herkules kommt mit einem riesigen Kessel von hinten links.

HERKULES Bohnen und Rindfleisch.

Phyleus erhebt sich verwirrt.

PHYLEUS Ich muß gehen.

Er verneigt sich vor Deianeira.

PHYLEUS Verzeih. Es ist spät. Ich habe Vaters Kühe heimzutreiben.

Er verneigt sich auch vor Herkules, errötet und geht nach hinten rechts ab.

HERKULES Was hat der Junge? Er scheint verwirrt.
DEIANEIRA Es gibt Momente im Leben eines jeden Mannes, wo ihm Bohnen und Rindfleisch trivial vorkommen.
HERKULES Verstehe ich nicht. Als ich dich zum ersten Male sah, aß ich nachher vor Begeisterung einen ganzen Ochsen auf.

Er schöpft aus dem Kessel zwei Teller voll.

DEIANEIRA Schwierigkeiten?
HERKULES Wie seit Monaten.
DEIANEIRA Mit dem Tiefbauamt?
HERKULES Auch. Und nun mit dem Familienamt. Es äußert sittliche Bedenken. Der Sohn des Augias

besucht dich jeden Tag, und weil du dich überdies
nicht überaus bekleidet zeigst –

DEIANEIRA Wir sind hier unter uns.

HERKULES Die Eichen rings um unsere Zelte sind Tag und
Nacht dicht mit Eliern bestückt.

DEIANEIRA Oh!

Sie bedeckt sich.

DEIANEIRA Mahlzeit.

HERKULES Mahlzeit.

Sie beginnen zu essen.

DEIANEIRA Das elische Nationalgericht.

HERKULES Auch wie seit Monaten.

DEIANEIRA Sonst gab es doch noch Speck dazu.

HERKULES Speck können wir uns nicht mehr leisten. Die
Reisespesen sind aufgebraucht.

DEIANEIRA Könnten wir nicht einen gewissen Vorschuß –

HERKULES Das Finanzamt ist dagegen.

DEIANEIRA *seufzend* Essen wir weiter.

HERKULES Essen wir weiter.

Sie essen weiter.

DEIANEIRA Herkules.

HERKULES Deianeira?

DEIANEIRA Eigentlich sind wir jetzt noch ruinierter als in
Theben.

HERKULES Eigentlich.

Von rechts tritt Direktor Tantalos auf.

TANTALOS Der Retter steht vor Ihnen, hochverehrter Maestro!

HERKULES *mißtrauisch* Wer bist du?

TANTALOS Minos Aiakos Rhadamanthys Tantalos aus Mykene, Direktor des elischen Nationalzirkus Tantalos.

HERKULES Du wünschest?

TANTALOS· Maestro! Lassen Sie mich zuerst in den spontanen Jubelruf ausbrechen: Der erhabenste Augenblick meiner Künstlerlaufbahn ist gekommen: Der größte Held und der größte Zirkusdirektor Griechenlands stehen sich Auge in Auge gegenüber!

HERKULES Womit kann ich dienen?

TANTALOS Ich gehe in der Feststellung kaum fehl, daß sowohl das Zirkusleben als auch die Heldenverehrung den Tiefpunkt erreicht haben. Meine Abendkassen sind leer, und was Sie betrifft, hochverehrter Maestro, so berichtet ein Kollege aus Theben, daß man dort leider Ihr Haus versteigerte. Samt den Möbeln.

HERKULES Mir neu.

DEIANEIRA *entsetzt* Unser Haus in der Kadmosstraße?

TANTALOS Was nun unser beiderseitiges Debakel angeht, hochverehrter Maestro, liegt der Grund einerseits darin, daß das Erlegen von Mammuts und Raubrittern nicht mehr aktuell ist, weil man die Mammuts für die zoologischen Gärten und die Raubritter für die Politik benötigt, anderseits in einer künstlerischen Stagnation, die in meiner Branche einfach nicht mehr zu übersehen ist. Wir wagen zu wenig, predige ich seit Jahr und Tag.

HERKULES Und was willst du nun von mir?

TANTALOS Ein Bündnis, hochverehrter Maestro.

HERKULES Wie soll ich das verstehen?

TANTALOS Sie sind ein heldisches, patriotisches Symbol und ich ein künstlerisches, artistisches. Sie sind die Kraft, ich bin der Geist. Sie üben Ihre Tätigkeit in schauerlichen Einöden aus, ich stehe im vollen Licht der Manege. Hand in Hand mit Ihnen, hochverehrter Maestro, werde ich den elischen Nationalzirkus wieder kraftvoll auf die Beine stellen. Verbeugen Sie sich in meinem Zelt und stemmen Sie vielleicht noch einige Gewichte während der Abendvorstellung und einmal jede Woche am Sonntagnachmittag für fünfhundert Drachmen pro Verbeugung und pro Gewichtestemmen, und meine Kassen sind voll und das Haus in Theben wieder das Ihre. Hochverehrter Maestro, überlegen Sie mein Angebot, ich empfehle mich.

Direktor Tantalos nach rechts ab.
Schweigen.

HERKULES Hast du gehört, Deianeira, was dieser unverschämte Kerl vorschlug?

DEIANEIRA Gewiß.

HERKULES Ich hätte ihn den Felsen hinunterschmettern sollen.

DEIANEIRA *leise* Unser schönes Haus in Theben.

HERKULES Ich lehne das Angebot selbstverständlich ab.

DEIANEIRA *seufzend* Essen wir weiter.

HERKULES Essen wir weiter.

Sie essen weiter.

HERKULES Deianeira.

DEIANEIRA Herkules?
HERKULES Willst du mich eigentlich noch heiraten?

Er schöpft sich wieder einen Teller voll.

DEIANEIRA Ich weiß nicht – willst denn du mich überhaupt noch heiraten?
HERKULES Nun, ich fürchte mich etwas davor. Ich bin
doch vielleicht nicht sonderlich ein Mann für dich –
mein Beruf –

Er schöpft sich wieder einen Teller voll.

DEIANEIRA Ich zögere ja auch ein wenig. Du bist ein
Held, und ich liebe dich. Doch ich frage mich, ob ich
für dich nicht nur ein Ideal bin, so wie du für mich ein
Ideal bist.
HERKULES Zwischen uns stehen dein Geist, deine Schönheit und meine Taten und mein Ruhm, das willst du
sagen, nicht wahr, Deianeira?
DEIANEIRA Ja, Herkules.
HERKULES Siehst du, darum solltest du diesen reizenden
Jungen heiraten, diesen Phyleus. Er liebt dich, er hat
dich nötig, und ihn kannst du lieben nicht als ein Ideal,
sondern als einen unkomplizierten jungen Mann, der
eine Frau wie dich braucht.

Schweigen.
Deianeira ißt nicht mehr weiter.

DEIANEIRA *ängstlich* Ich soll hier in Elis bleiben?
HERKULES Liebst du ihn denn nicht, den Phyleus?

Er nimmt sich wieder einen Teller voll.

DEIANEIRA Doch. Ich liebe ihn.

HERKULES Es ist deine Bestimmung zu bleiben und die meine zu gehen.

DEIANEIRA Dieses Land ist so schrecklich.

HERKULES Ich miste aus.

Schweigen.

DEIANEIRA Glaubst du das wirklich noch?

HERKULES Warum nicht?

DEIANEIRA Jetzt, wo die Gläubiger dich ausplündern und wo dir ein Amt um das andere in den Rücken fällt?

HERKULES Ich bin schon mit ganz anderen Schwierigkeiten fertig geworden.

DEIANEIRA Ich sehe nie mehr Theben, nie mehr die Gärten, die goldene Burg Kadmeia, bleibe ich hier.

HERKULES Laß fahren, was verloren ist. Errichte hier dein Theben, deine goldene Burg Kadmeia. Ich nehme es auf mich, Berge von Unrat wegzuwälzen, das ungefüge Handwerk zu tun, das nur ich tun kann, aber du gibst dem gesäuberten Land die Fülle, den Geist, die Schönheit, den Sinn. So sind wir denn beide für Elis notwendig, beide die Möglichkeit dieses Landes, daß es sich vermenschliche. Bleib bei Phyleus, Deianeira, und meine schmutzigste Arbeit wird meine beste gewesen sein.

DEIANEIRA Ich danke dir, mein Freund.

HERKULES Ich werde dich nie vergessen.

DEIANEIRA Ich werde dir zum Abschied die Schale schwarzen Bluts überreichen, die mir der Kentaur Nessos gab.

HERKULES Ich werde sie zur Erde kehren, und das Blut
wird versickern.

Sie erhebt sich.
Er erhebt sich ebenfalls.

DEIANEIRA Herkules, gute Nacht.
HERKULES Gute Nacht, Deianeira.

Deianeira zieht sich ins Innere zurück. Herkules schließt
den Vorhang.
Von links hinten kommt auf zwei Krücken und in Ver-
bänden Polybios angehumpelt.

POLYBIOS *glücklich* Da bin ich wieder, verehrter Meister.
HERKULES Polybios!
POLYBIOS Man hat mich zusammengeflickt.
HERKULES Es freut mich, dich wieder heil zu sehen.
POLYBIOS Heil ist etwas übertrieben, verehrter Meister.
Machen Sie mal in einem elischen Spital eine Schädel-
trepanation durch! Da sind Sie froh, daß Sie nachher
überhaupt noch existieren.
HERKULES *verlegen* Natürlich.
POLYBIOS Und wie sie erst die Knochenbrüche behan-
deln, da vergeht Ihnen Hören und Sehen!
HERKULES Kann ich mir denken.
POLYBIOS Ein Glück, daß ich mit zwei Krücken jetzt
wenigstens humpeln kann.
HERKULES Willst du dich nicht setzen?
POLYBIOS Bitte.

Er setzt sich mühsam zur Feuerstelle mit dem Kessel

POLYBIOS *stolz* Die Wirbelsäule ist auch noch nicht in Ordnung.

Herkules schöpft ihm einen Teller voll.

HERKULES Es hat noch Bohnen und Rindfleisch.
POLYBIOS Nur einen Happen.

Er beginnt im Essen zu stochern.

HERKULES Es wird nie wieder vorkommen, Polybios, daß ich dich – ich meine, ich werde dich niemals mehr irgendwohin schmettern.
POLYBIOS An einem Invaliden vergreift man sich weniger leicht.

Er ißt vorsichtig.

POLYBIOS Ans Essen muß ich mich auch erst gewöhnen. Im Spital gab's nur Abfälle. Weil niemand zahlte.
HERKULES Ich bin leider momentan finanziell –
POLYBIOS Verstehe.
HERKULES Aber wenn das Honorar einmal kommt –
POLYBIOS Ich weiß nicht, verehrter Meister. Ich zählte im Spital das mit lauter Dreis geschriebene Honorar noch einmal zusammen. Zeit hatte ich schließlich dazu.
HERKULES Nun?
POLYBIOS Die Summe ist bei weitem nicht so bedeutend, wie wir zuerst angenommen hatten. Wir erwarteten dreihunderttausend Drachmen, es sind kauum dreißigtausend.

Schweigen.

Polybios stellt den Teller weg.

POLYBIOS Ich habe überhaupt das Gefühl, daß diese Elier nur bis drei zählen, um die Nichtelier besser täuschen zu können.

Er erhebt sich.

POLYBIOS Ich gehe schlafen.
HERKULES *leise* Dreißigtausend.
POLYBIOS Glauben Sie mir, verehrter Meister. Die Elier sind das durchtriebenste Volk, das mir je vorgekommen ist. Die erledigen jeden. Nicht nur mich.

Er humpelt davon und verschwindet im Zelt links.

Szene wie vorher.
Herkules ist allein. Er räumt auf.

HERKULES Dreißigtausend. Immerhin. Und überdies
werde ich mich im elischen Nationalzirkus Tantalos
verbeugen und einige Gewichte stemmen. Was ist
schon dabei.

Von links oben kommt der Vollmond herunter.
Herkules will zu Deianeira, stutzt, geht zu seinem Zelt.
Herkules ergreift hinter seinem Zelt rechts Iole und zieht
das Mädchen über die Bühne nach links vorne.

HERKULES Was wolltest du in meinem Zelt?
IOLE Ich wollte –
HERKULES Nun?
IOLE Zu dir.
HERKULES Wozu?
IOLE Schon viele Mädchen sind in deinem Zelt gewesen.
Und viele Frauen.
HERKULES Ist das ein Grund, auch hin zu gehen?

Iole schweigt.

HERKULES Geh aus dem Schatten. Ins Mondlicht.

Iole zögert.

IOLE Ich bin eine Elierin.
HERKULES Das nehme ich an.
IOLE Du wirst mich häßlich finden.
HERKULES Los. Marsch.

Iole tritt ins Mondlicht.
Herkules schweigt.

IOLE Bin ich sehr häßlich?
HERKULES Wie alt bist du?
IOLE *zögert* Drei mal drei mal zwei, weniger zwei mal zw—
nein, weniger eins.
HERKULES So, siebzehn, hm. Wie heißt du?

Iole schweigt.

HERKULES Wenn du nicht reden willst, bringe ich dich zu
Augias. Der wird dir das Reden beibringen.
IOLE *leise* Bitte nicht.
HERKULES Also?
IOLE Ich bin Iole, seine Tochter.

Schweigen.

IOLE Erzählst du es meinem Vater?
HERKULES Nein.
IOLE Ich danke dir.
HERKULES Aber du mußt mir gestehen, warum du in
mein Zelt wolltest.
IOLE *leidenschaftlich* Ich liebe dich. Ich hätte dich einmal
umarmt im Dunkel des Zeltes, einmal in meinem
Leben, und dann hättest du nur mir gehört in meinen
Träumen, nicht jeder.

Schweigen.

HERKULES Geh.

Iole bleibt.

HERKULES Gehorche.
IOLE Nun werde ich unglücklich sein. Ein Leben lang.
HERKULES Unsinn.
IOLE Du hast mich als einzige verschmäht.
HERKULES Iole, komm her.

Iole geht zu ihm.

HERKULES Näher. Setz dich zu mir.

Iole setzt sich neben ihn.

HERKULES Du bist ein sehr schönes Mädchen, Iole.
IOLE *freudig* Ich gefalle dir wirklich?
HERKULES Wirklich.
IOLE Sehr?
HERKULES Ungemein.
IOLE Dann schickst du mich nicht fort?
HERKULES Gerade weil du mir so ungemein gefällst,
    schicke ich dich fort. Weißt du, wen du im Dunkel des
    Zeltes umarmt hättest und wen die andern Frauen und
    Mädchen von Elis umarmen, wenn sie in mein Zelt
    schleichen? Schau nach.
IOLE Ich soll –?
HERKULES Geh.

Iole erhebt sich und macht einen Schritt, zögert, hält inne.

IOLE Ich fürchte mich.
HERKULES Man soll sich nicht fürchten, die Wahrheit zu
erfahren. Geh. Schau nach.

Iole geht zum Zelt rechts, faßt es zaghaft an.

HERKULES Öffne das Zelt weit, damit es der Vollmond
erleuchte.

Iole öffnet das Zelt.
Schließt es wieder, tödlich erschrocken.
Schweigen. Iole atmet schwer.

HERKULES Nun?

Iole schweigt.

HERKULES Den hättest du umarmt. Komm wieder her.

Iole geht langsam zu Herkules zurück.

HERKULES Setz dich.

Iole setzt sich mechanisch.

IOLE Du hast die Elierinnen betrogen.
HERKULES Ich bin ihnen entgangen.
IOLE Ich danke dir, daß du mich gerettet hast.
HERKULES Ich bin froh, daß es so gekommen ist.
IOLE Die Elierinnen werden böse sein, wenn sie es er-
fahren.
HERKULES Darum schweige.

IOLE Ich sage es keinem Menschen.

HERKULES Nun kennst du mein Geheimnis und ich das deine. Geh nun.

IOLE Du tötest mich, wenn du mich fortschickst.

HERKULES Das kommt dir jetzt nur so vor.

IOLE Du nimmst mich ernst. Noch nie hat mich jemand ernst genommen.

HERKULES Man muß vor allem die jungen Mädchen ernst nehmen.

IOLE Ich werde nie einen anderen Mann lieben können. Nie.

HERKULES Weil du mich für einen Helden hältst.

IOLE Du warst auf dem Olymp.

HERKULES Was ist dabei.

IOLE Du hast die Götter gesehen.

HERKULES In Griechenland nimmt man nur noch in Elis diese Geschichte ernst.

IOLE Zeus ist dein Vater.

HERKULES Ich weigere mich, über diesen Punkt mit einem so jungen Mädchen zu diskutieren.

IOLE Du bist der größte aller Helden.

HERKULES Held ist nur ein Wort, das erhabene Vorstellungen erweckt, die begeistern. In Wirklichkeit bin ich aber nicht ein Wort, Iole, sondern ein Mann, der aus Zufall eine Eigenschaft bekommen hat, die andere nicht in dem Übermaß besitzen: Ich bin stärker als die andern Menschen und darum, weil ich niemand zu fürchten brauche, gehöre ich auch nicht zu den Menschen. Ich bin ein Ungeheuer wie jene Saurier, die ich in den Sümpfen ausrotte. Ihre Zeit ist um, und auch die meine. Ich gehöre einer blutigen Welt, Iole, und übe ein blutiges Handwerk. Der Tod ist mein Begleiter, den ich mit meinen vergifteten Pfeilen sende, und ich habe viele getötet. Ich bin ein Mörder, vom Ruhm der Menschen übertüncht. Es gelingt mir nur selten, ein Mensch zu sein, wie jetzt, im milden Licht des Monds, da ich dich von mir schicke. Denn du sollst einmal einen richtigen Mann lieben, einen Mann, der ein wirklicher Held ist, der sich fürchtet, wie sich die Menschen fürchten, und der seine Furcht überwindet, und du sollst einmal Söhne und Töchter haben, die den Frieden lieben und die all die Bestien, mit denen ich mich herumplage, nur noch für Kindermärchen halten: Das allein ist menschenwürdig.

Schweigen.

HERKULES Geh, Iole, geh zu deinem Vater.

Iole erhebt sich langsam.

IOLE Lebe wohl, mein Herkules.
HERKULES Geh zu den Menschen, Iole, geh.

Er erhebt sich, drohend, gewaltig.

HERKULES Lauf! Verschwinde, aber schleunigst! Mit vierzehn Jahren in mein Zelt schleichen! So eine Göre! Ich sollte dich nach Hause prügeln!

Iole geht, zuerst zögernd, dann rennt sie nach hinten fort. Der Mond geht wieder unter.

Auf der Bühne nichts als der sagenhafte Mist. Die Statue der Eleutheria ist fast verschwunden. In der Mitte wieder das Seil mit der Kuhglocke. Aus dem Mist tauchen aufs neue die zehn Parlamentarier mit Augias auf.

AUGIAS Ruhe!

DER DRITTE Der Mist ist wieder gestiegen.

DIE ANDERN Gestiegen.

AUGIAS *mit der Glocke* Ruhe!

DER NEUNTE Von unserer Statue sieht man nur noch die Schwurhand.

DIE ANDERN Die Schwurhand.

AUGIAS *mit der Glocke* Ruhe!

Schweigen.

AUGIAS Pentheus vom Säuliboden hat das Wort.

PENTHEUS VOM SÄULIBODEN (DER ERSTE) Meine Herren. Ich möchte anfangs betonen, daß ich nach wie vor von der absoluten Notwendigkeit des Ausmistens zutiefst überzeugt bin.

ZWEITER Wer nicht ausmistet, schadet der Heimat.

AUGIAS *mit der Glocke* Ruhe!

PENTHEUS VOM SÄULIBODEN Doch ist es mir als Präsident des Kulturkomitees eine Pflicht, die Säuberungskommission des Großen Nationalen Rats darauf hinzuwei-

sen, daß unter dem Mist immense Kunstschätze verborgen sind.

DIE ANDERN Kunstschätze?

PENTHEUS VOM SÄULIBODEN Ich nenne nur die spätarchaischen Fassaden und die farbigen Holzschnitzereien auf
dem Augiasplatz, den Zeustempel im frühjonischen
Stil und die weltberühmten Fresken in der Turnhalle.
Dieses Kulturgut nun, mistet man aus, könnte durch
die Wasserfluten beschädigt, ja, wie zu befürchten ist,
zerstört werden, und da unser Patriotismus –

DIE ANDERN Patriotismus?

PENTHEUS VOM SÄULIBODEN – weitgehend auf diesen kulturellen Gütern ruht, läuft auch er Gefahr, bei einer
allgemeinen Ausmistung fortgeschwemmt zu werden.

DIE ANDERN Fortgeschwemmt?

PENTHEUS VOM SÄULIBODEN Nun könnte man einwenden,
die ganzen Befürchtungen seien hinfällig, weil man die
Kunstschätze ja gar nicht sehe, weil sie unter dem Mist
begraben seien, doch muß ich gerade hier ausrufen: Es
ist besser, daß diese kulturellen Güter, die ja unsere
heiligsten Güter sind, zwar nicht sichtbar, aber eben
doch noch vorhanden sind, als überhaupt nicht vorhanden.

DRITTER Bilden wir eine Kommission.

AUGIAS *mit der Glocke* Ruhe!

DIE ANDERN Beschlossen schon, wir bilden eine Kommission.

AUGIAS *mit der Glocke* Kadmos von Käsingen hat das
Wort.

KADMOS VON KÄSINGEN (DER VIERTE) Meine Herren vom
Säuberungsausschuß. Als Vorsitzender des Heimatvereins möchte ich meinem Vorredner Pentheus vom

Säuliboden insofern zustimmen, als auch ich die unter dem Mist verborgenen Kunstschätze als unsere heiligsten Güter betrachte. Doch der Ansicht, meine Herren, daß das Ausmisten unsere heiligsten Güter beschädigen könnte, vermag ich nicht beizutreten.

SIEBENTER Wer das Ausmisten untergräbt, unterhöhlt die Nation!

AUGIAS *mit der Glocke* Ruhe!

KADMOS VON KÄSINGEN Was ich befürchte, ist vielmehr, daß unsere heiligsten Güter unter dem Mist gar nie vorhanden waren! –

DIE ANDERN Nie?

KADMOS VON KÄSINGEN – weil sie eben nur in unserem Glauben existieren.

DIE ANDERN Glauben?

KADMOS VON KÄSINGEN In diesem Falle, meine Herren, wäre das Ausmisten ein großes Unglück, ja geradezu ein Verrat an unsern heiligsten Gütern.

DIE ANDERN Verrat?

KADMOS VON KÄSINGEN Die Hoffnung der Nation, sie unter dem Mist zu finden, zerrönne in Nichts –

DIE ANDERN Zerrönne?

KADMOS VON KÄSINGEN – der ganze Stolz des Eliers auf seine Vergangenheit, sein Patriotismus erwiese sich als eine Utopie. Da unsere heiligsten Güter jedoch für die Nation notwendig sind –

DIE ANDERN Notwendig!

KADMOS VON KÄSINGEN – und da, misten wir nicht aus, die Frage, ob es sie gebe oder nicht, offen bleibt, was wieder, politisch nüchtern gesprochen, soviel ist, als wären unsere heiligsten Güter vorhanden, so komme ich zum Schluß, daß wir uns das Ausmisten, von dessen unbedingter Notwendigkeit ich, wie gesagt, mehr denn je zutiefst überzeugt bin, doch noch sehr überlegen müssen.

ZEHNTER Bilden wir eine Gegenkommission.

AUGIAS *mit der Glocke* Ruhe!

DIE ANDERN Beschlossen schon, wir bilden eine Gegenkommission.

NEUNTER Wer am Ausmisten zweifelt, zweifelt am Vaterland!

AUGIAS *mit der Glocke* Sisyphos von Milchiwil hat das Wort!

SISYPHOS VON MILCHIWIL (DER ACHTE) Meine Herren! Ich bin Volkswirtschaftler. Ich fasse mich unpopulär, aber sachlich. Als ob es darauf ankäme, ob nun Holzschnitzereien unter dem Mist verborgen sind oder nicht, als ob diese kulturellen Güter unsere heiligsten Güter wären!

ZWEITER Unser heiligstes Gut ist unsere einheimische Stiefelindustrie!

SIEBENTER Unser Vollfettexportkäse!

SISYPHOS VON MILCHIWIL Unser heiligstes Gut, meine Herren, ist unsere Volkswirtschaft, und unsere Volkswirtschaft ist gesund!

DIE ANDERN Gesund!

SISYPHOS VON MILCHIWIL Nun ist es jedoch vom volkswirtschaftlichen Standpunkte aus nicht völlig zu verschweigen, daß uns das Ausmisten vor ein Dilemma stellt, so sehr ich gerade als Volkswirtschaftler für das Ausmisten bin.

DIE ANDERN Dilemma?

SISYPHOS VON MILCHIWIL Vor ein elisches Dilemma. Elis ist ein reiches Land. Um unsere Bilanz werden wir beneidet, unsere Währung ist hart. Warum? Weil unsere Volkswirtschaft auf einem soliden Sockel steht, und dieser solide Sockel ist der Mist! Nicht nur ganz Griechenland, auch Ägypten und Babylon düngen mit elischem Kompost –

DIE ANDERN Mit elischem Kompost!

SISYPHOS VON MILCHIWIL – ein nationaler Triumph, auf den wir stolz sein dürfen, und diesen Triumph spülen wir ins Ionische Meer.

DIE ANDERN Spülen!

SISYPHOS VON MILCHIWIL Misten wir aus! Glauben Sie einem alten erfahrenen Volkswirtschaftler, meine Herren, glauben Sie ihm, so sehr auch das Ausmisten zutiefst notwendig ist, so sehr öffnet es auch einen Abgrund, den wir durch keine noch so erfolgreiche Fremdenindustrie werden ausfüllen können!

DIE ANDERN Ausfüllen!

FÜNFTER Bilden wir eine Zwischenkommission.

AUGIAS *mit der Glocke* Ruhe!

DIE ANDERN Beschlossen schon, wir bilden eine Zwischenkommission.

AUGIAS *mit der Glocke* Kleisthenes vom Mittlern Grütt hat das Wort.

KLEISTHENES VOM MITTLERN GRÜTT (DER FÜNFTE) Meine Herren: Zutiefst von der Notwendigkeit des Ausmistens überzeugt, ist es meine Pflicht, Ihnen schlicht zuzurufen: Unser heiligstes Gut ist unsere Sittlichkeit! *Bravorufe.* Unser Familienleben – *Bravorufe* – das nur in der trauten, warmen Gemütlichkeit des Mistes gedeiht. Misten wir aus, verlassen unsere Söhne und Töchter am Abend das Haus!

SECHSTER Ausmisten ist ungemütlich!

Schweigen.

NEUNTER *erleuchtet* Bilden wir eine Oberkommission.

AUGIAS *mit der Glocke* Ruhe!

DIE ANDERN Beschlossen schon, wir bilden eine Oberkommission.

SECHSTER Setzen wir Kommissionen ein, um zu prüfen,
ob der Mist, wenn er einmal nicht mehr ist, die Tiefe
unserer Religion verhindert.

SIEBENTER Den Viehstand dezimiert.

ACHTER Das elische Weib zu Exzessen verleitet.

ZEHNTER Die Reichen verarmt.

ERSTER Den Wirtschaftsfrieden verwüstet.

ZWEITER Die Dörfer verstädtert.

DRITTER Das seelische Leben des Kindes verkümmert.

FÜNFTER Eine Kommission sollte untersuchen, ob das
Wegspülen des Mistes unsere Armee nicht strategisch
fortschwemmt.

SECHSTER Unsere Obersten haben sie für den Mistkrieg
ausgebildet.

DIE ANDERN Unsere Obersten!

AUGIAS *mit der Glocke* Ruhe!

SIEBENTER Und endlich, meine Herren, fordere ich noch
eine Kommission, um die Frage abzuklären, ob nicht
das Ausmisten die Wähler geradezu in den Schoß der
makedonischen Arbeiterpartei treibt!

ACHTER Das wäre das Ende.

DIE ANDERN Das Ende.

AUGIAS *mit der Glocke* Ruhe!

Schweigen.
Der erste weist nach oben.

DER ERSTE Die Freiheitsstatue ist verschwunden.
DIE ANDERN Verschwunden.
AUGIAS *mit der Glocke* Ruhe!
DER ZEHNTE *verzagt* Der Mist nimmt zu, wir kommen zu
  spät.

Die anderen schütteln gemütlich die Köpfe.

DIE ANDERN
    Das kommen wir nie.
    Das kommen wir nie.
AUGIAS *mit der Glocke* Ruhe!
DIE ANDERN
    In der elischen Politik
    In der elischen Politik
    Ist es nie zu spät, doch stets zu früh.

Schweigen.

NEUNTER Donnerwetter, haben wir wieder einmal ganze
  Arbeit geleistet.

Augias und der Große Nationale Rat versinken.
Auf der Bühne nichts als der sagenhafte Mist.

13. Im Nationalzirkus Tantalos

Zirkusmusik.
Hinter dem Podium ein Vorhang, geschlossen. Rechts außen wird eine Loge hineingeschoben. Deianeira kommt, setzt sich in die Loge. Die zwei Bühnenarbeiter, die zehn Parlamentarier und Kambyses tragen von links ein Riesengewicht auf die Bühne, legen es vor das Podium.
Phyleus kommt in die Loge, tritt hinter Deianeira.

PHYLEUS Deianeira.
DEIANEIRA Phyleus?
PHYLEUS Ich suchte dich überall, in ganz Elis, und nun finde ich dich in einer erbärmlichen Zirkusloge bei einer schändlichen, johlenden Menge.
DEIANEIRA Herkules stemmt.
PHYLEUS Schändlich. Der Mann, der unser Land ausmisten könnte, diese einzige wirklich positive Kraft, muß im Zirkus auftreten!
DEIANEIRA Wir haben Geld nötig.

Von links tritt Direktor Tantalos auf in Stiefeln und mit einer Peitsche.

TANTALOS Meine Damen und Herren, mesdames et messieurs, ladies and gentlemen! Nach dem dressierten Gorilla, nach dem schlittschuhlaufenden Mammut, nach der Nackttänzerin Xanthippe und nach dem

Trapezakt der Gebrüder Kephalos ist es mir ein unge-
meines Vergnügen, Ihnen in einer Sonderschau nicht
nur die Sensation unseres Jahrhunderts, sondern auch
unseres griechischen Jahrtausends vorstellen zu dürfen: Unseren verehrten Nationalhelden Herkules, von
dessen Taten die Welt mit unaussprechlicher Bewun-
derung erfüllt ist.

*Er knallt mit der Peitsche. Der Vorhang hinter dem
Podium öffnet sich, und Herkules tritt in vollem Hel-
denkostüm auf.*

TANTALOS Sie sehen den Helden im bloßen Löwenfell. In
der Rechten hält er die fürchterliche Keule, die noch
keiner unserer Olympiasieger je zu schwingen vermochte, und in der Linken den weltberühmten Bogen,
den nur er zu spannen versteht, um seine berüchtigten
Pfeile zu entsenden. Schon wenn sie von denen nur
geritzt werden, mesdames et messieurs, sind Sie unwi-
derruflich tot, rasseln Sie erbarmungslos in den Hades,
wie dieser geheimnisvolle Ort in der Sprache unserer
edlen Philosophie heißt, die wir Griechen erfunden
haben und auf die wir stolz sind.

Herkules verneigt sich.

TANTALOS Nun verneigt er sich, nun erblicken sie den
Nacken, den so manche zarte Jungfrau, so manches
liebende Weib umschlang, die Schultern, die das Himmelsgewölbe trugen, und jetzt, ladies and gentlemen,
kommt der mystische Augenblick, der absolute Höhe-
punkt, der atemraubendste Kraftakt der Zirkusge-

schichte: Herkules wird das astronomische Gewicht von tausend Tonnen stemmen. Tausend Tonnen, meine Damen und Herren, tausend Tonnen! Die Gewichte sind vom elischen Amt für Maß und Gewichte geprüft, die Zeugnisse können jederzeit auf der Direktion eingesehen werden.

Tusch.
Herkules bereitet sich vor.

PHYLEUS Laß uns heiraten, Deianeira. Mein Vater ist reich, und Herkules braucht nicht mehr einem Gewerbe nachzugehen, das ihn entwürdigt.
DEIANEIRA Das ist lieb von dir.
PHYLEUS Ich bin sicher, daß es doch noch zur Ausmistung kommt. Du wirst sehen. Der Präsident der Zwischenkommission für Säuberungsfragen steht weiterhin durchaus positiv dazu.
DEIANEIRA Das ist lieb von ihm.
PHYLEUS Und der Sohn des Vizepräsidenten der Oberkommission will noch einmal mit seinem Vater reden.
DEIANEIRA Aber ja.

Herkules faßt an.
Trommelwirbel.
Herkules stemmt.

TANTALOS Beachten Sie, ladies and gentlemen, das Muskelspiel des Helden, diese Symphonie der Kraft, erzittern Sie, erschauern Sie, eine einmalige Gelegenheit, männliche Schönheit in höchster Vollendung zu bewundern!

Herkules setzt ab.

TANTALOS Tausend Tonnen! Meine Damen und Herren, da die Gewichte geprüft sind, bedeutet das neuer Weltrekord! Mesdames et messieurs, ich habe die Ehre, zum Beschluß des Abends dem Nationalhelden zum ewigen Angedenken im Namen der Direktion des elischen Nationalzirkus Tantalos den goldenen Weltmeisterschaftslorbeer der Gewichtsstemmer zu überreichen. Ich bitte das Publikum, sich zu erheben, und die Kapelle, die elische Nationalhymne zu spielen. Knie nieder, Weltmeister!

Herkules kniet nieder und wird gekrönt.

PHYLEUS *leise* Deianeira! Du mußt dich erheben. Man spielt unsere Nationalhymne.
DEIANEIRA Oh! Entschuldige!

Sie erhebt sich. Sie stehen Hand in Hand.

PHYLEUS Glaube nur, Deianeira, glaube fest daran, daß es uns gelingen wird, hier ein menschenwürdiges Land zu errichten, deine goldene Burg Kadmeia. Glaube immer daran. Bald bist du meine Frau.
DEIANEIRA Ich liebe dich, Phyleus.

Die Nationalhymne ist zu Ende. Die beiden gehen rechts hinaus. Herkules setzt sich auf das Podium, auch Tantalos setzt sich.

TANTALOS So, das wäre geschafft.

*Er nimmt aus seinem Gewand eine Schnapsflasche, trinkt,
versorgt sie wieder.*

TANTALOS Flau. Das Publikum war ausgesprochen flau.
Dabei kostete das Gewicht eine Heidensumme.
HERKULES *trocken* Die Gage, bitte.
TANTALOS Aber natürlich.

Er zieht die Brieftasche und gibt ihm Geld.

HERKULES *drohend* Direktor Tantalos!
TANTALOS Maestro?
HERKULES Wir machten fünfhundert ab.
TANTALOS Nun?
HERKULES Das sind fünfzig.
TANTALOS Die Abendkasse gähnte mir nur so entgegen,
mein Lieber.
HERKULES Aber der Zirkus war doch zum Bersten gefüllt
mit Eliern!
TANTALOS Freikarten, Maestro, Freikarten! Ohne Freikarten ist mit Ihnen das Zelt nicht zu füllen, und wer
gekommen ist, kam, um den neuen Feuerfresser zu
bewundern. Daß auch der eine Niete war, sind die
wahren Tragödien, an denen die Welt zum Teufel
geht. Zum Glück hatte ich noch die Nackttänzerin.
Deren Applaus sollten Sie mal erzielen, das Zelt wak-
kelte! Verbeugen und etwas Gewichte stemmen allein
genügt nicht. Das kann jeder. Der moderne Kultur-
mensch stellt Ansprüche. Doch wenn Sie sich entschließen wollen, gegen einige Berufsathleten anzutre-
ten, bitte sehr, ich engagiere zwei, drei Dutzend, und
dann besitze ich noch ein wunderschönes Nashorn in

meiner Menagerie, einen Prachtbullen, stemmen Sie
mal so ein Biest in die Höhe! Siebenhundert Drachmen
pro Abend, bei wahrer Kunst bin ich nicht lumpig.
Und nun geben Sie mir schleunigst den vergoldeten
Lorbeer zurück, Mann. Daß Sie den behalten dürfen,
steht in keinem Vertrag.

HERKULES Bitte.

Er übergibt Tantalos kleinlaut den Lorbeerkranz.

TANTALOS Danke.

Der Direktor nach links ab.
Herkules schultert das Riesengewicht.

HERKULES Hauptsache, daß heute abend die Oberkommission der Säuberungskommission zusammentritt.

Er geht mit dem Gewicht ebenfalls nach links ab.

14. *Wieder auf dem Felsen*

Der Mist hat sich behauptet. Das Podium ist aufgeklappt. Rechts das zerlumpte Zelt des Herkules. In der Mitte nichts als die Feuerstelle mit dem Kessel, die Schale Deianeiras mit dem schwarzen Blut links außen. Von rechts kommt Polybios.

POLYBIOS Ich weiß, meine Damen und Herren, Sie sind sprachlos. Ihr Griechenbild ist durch die elischen Zustände erschüttert. Und wirklich: Arg spielte uns eure heißgeliebte Antike mit. Der Mist blieb Sieger. Dampfend, stur und endgültig. Wie in anderen, geschichtlicheren Epochen manchmal ja auch. Er erreichte uns. Allmählich. Verschluckte den Felsen, begrub die Eichen, erstickte die silberne Quelle, und wenn auch Herkules Dutzende von Berufsathleten zusammenschlug, später sogar mit einem Mammut rang und mit einem Gorilla boxte, der finanzielle Zusammenbruch des elischen Nationalzirkus Tantalos war nicht aufzuhalten. Wieder einmal ging ein ehrwürdiges Kunstinstitut flöten.

Er kauert sich mühsam und frierend an der Feuerstelle nieder, rührt im Kessel.

Bohnen sind auch keine mehr vorhanden, nur eine dünne Suppe – Direktor Tantalos flüchtete in Nacht und Nebel nach Syrakus, von einer Gage sah Herkules keinen blassen Schimmer. Das Ausmisten wurde immer illusorischer, die Kommissionen vermehrten sich ins Uferlose. Die allgemeine Pleite war vollständig.

Er probiert die Suppe mit der Kelle.

Scheußlich, diese Brühe – und damit ist der Tiefpunkt unserer Geschichte beinahe erreicht. Beinahe. Denn wenn ich mich überhaupt noch einmal präsentiere, so nicht um meine Wenigkeit in Erinnerung zu rufen. Unsinn. Im Reiche reiner Tragik hat ein Privatsekretär nichts zu suchen, die ist allein den Chefs vorbehalten. Meiner wird unsterblich, sein Versuch, diesen Planeten zu säubern, hat etwas Rührendes, Kindlich-Grandioses, während eure Chefs, mit ihren Versuchen – Das Leben ist keine Dichtung, meine Damen und Herren, Gerechtigkeit findet nicht statt; am wenigsten eine poetische; wer etwas bezweckt, erreicht das Gegenteil, wer sein Recht fordert, kommt um. Ich wollte nichts als meinen Lohn, um einer Handvoll Geldes willen hetzte ich Herkules durch den Himmel zur Hölle. Vergeblich. In seiner letzten Arbeit – seiner zwölften – wird er mich in den Nebelmeeren der Unterwelt stehen lassen. Am Styx. Er wird mich einfach vergessen. Nein. Nur der historischen Wahrheit zuliebe wende ich mich noch einmal an Sie, meine Damen und Herren, zum letztenmal, um – so unglaublich es auch scheinen mag – eine noch schauerlichere Wendung der Dinge anzukündigen.

Von links hinten kommt Herkules, stutzt.

HERKULES Polybios.
POLYBIOS Verehrter Meister Herkules?
HERKULES Das Zelt Deianeiras ist verschwunden. Und auch das deinige.
POLYBIOS Die Pfändungsbeamten waren hier. Sie haben nur Ihr Zelt gelassen. Die Elierinnen verteidigten es wütend.
HERKULES Und die Schale schwarzen Bluts.
POLYBIOS Für die Gläubiger nutzloser Plunder.
HERKULES Ich kann sie ausgießen. Deianeira heiratet heute im Hause des Augias. Ihren Phyleus.

Herkules kauert sich ebenfalls an die Feuerstelle.

HERKULES Kalt.
POLYBIOS Kalt.
HERKULES Wie auf dem Olymp.
POLYBIOS Der elische Winter kommt bald.
HERKULES Ich entdeckte eine Misthöhle. Dort können wir schlafen.
POLYBIOS Zum Glück fand ich dieses Kalbfell. Wärmt.
HERKULES Hat es noch einige Bohnen?
POLYBIOS Nur laues Wasser mit einer Rübe drin.
HERKULES Mahlzeit.
POLYBIOS Mahlzeit.

Sie essen ihre Suppe.
Von rechts hinten kommt der Stallknecht Kambyses, kauert sich ebenfalls an die Feuerstelle.

KAMBYSES Ich friere wie ein Hund.
HERKULES Nordwind.

POLYBIOS Darf ich dir auch –? Eine überaus köstliche Wassersuppe.

Er reicht ihm die Kelle hin.

HERKULES Leider habe ich die einzige Rübe drin eben gegessen.

Kambyses kostet.

KAMBYSES Bei euch zweien scheint wirklich das nackte Elend ausgebrochen zu sein.
HERKULES Nur momentan.
POLYBIOS Wir rappeln uns nämlich immer wieder hoch.
KAMBYSES Ich komme, um Abschied zu nehmen.

Schweigen.

HERKULES *erschrocken* Abschied?
KAMBYSES Ich bin am Ende meiner Kraft.
HERKULES Was soll das heißen?
KAMBYSES Ich leistete Unmenschliches.
HERKULES Du willst mich im Stich lassen?
KAMBYSES Weil mich die Natur im Stich läßt.
HERKULES Unmöglich, Kambyses. Ich habe ja noch nicht ausgemistet!
KAMBYSES Wirst du nie. Weil der Mist zu hoch steht, vor allem in den Köpfen der Elier zu hochsteht. Die kannst du mit den Flüssen Alpheios und Peneios nicht ausspülen.
HERKULES Ich bin verloren, wenn du gehst.
KAMBYSES Leb wohl.

Er geht nach rechts hinten ab.

Schweigen.

HERKULES Polybios.

POLYBIOS Verehrter Meister Herkules?

HERKULES Ich habe mich im eigenen Netz gefangen. Nun muß ich die Heldenrolle selber spielen, die mir die Öffentlichkeit vorschreibt. Ich schlafe heute nacht in meinem Zelt.

Schweigen.
Polybios erhebt sich.

POLYBIOS Verehrter Meister. Es ist zwar purer Selbstmord, aber ich halte es für meine Pflicht, Sie über einen Brief zu informieren, der heute mittag eingetroffen ist.

HERKULES Polybios. Briefe haben mir nie Gutes gebracht. Ich habe keine Nerven mehr. Ich garantiere für nichts.

POLYBIOS Trotzdem. Der König von Stymphalien, hoch im Norden, bietet eine Summe, die beträchtlich zu sein scheint, doch noch genau zusammengezählt werden muß, da die Stymphalier anscheinend nur bis zwei zu zählen wissen, für den Fall, daß Sie sich, verehrter Meister, entschlössen, Stymphalien von Vögeln zu befreien, die einen besonders unangenehmen Kot von sich lassen, eine Arbeit, die zwar womöglich noch schmutziger ist als die nun nicht zustande gekommene in Elis, doch in Anbetracht –

Er schweigt.

HERKULES Rede weiter.

POLYBIOS Lieber doch nicht.

Herkules erhebt sich, finster, drohend.

HERKULES Ich kann mir denken, was du verlangst –
POLYBIOS Sie sind schon außer sich, verehrter Meister.
HERKULES Ich beherrsche mich.
POLYBIOS Ich kenne Ihren Zorn.
HERKULES Zittere nicht.
POLYBIOS Ich zittere nicht, verehrter Meister. Sie zittern.
     Sie schmettern mich gleich durch die Lüfte. Nach
     Arkadien hinüber.
HERKULES *brüllt* Ausgeschlossen!
POLYBIOS Doch, doch.

Herkules ergreift ihn.

HERKULES Ich gehe nicht nach Stymphalien!
POLYBIOS Sehn Sie! Jetzt schmettern Sie schon.

Von links ist Deianeira gekommen.
Sie trägt ein Brautkleid mit einem Schleier. Sie kauert sich
ebenfalls an der Feuerstelle nieder.

DEIANEIRA Mich friert.
Sie wärmt die Hände über dem Kessel.

DEIANEIRA Mein Brautkleid ist leicht.

Schweigen.

HERKULES Deianeira.

DEIANEIRA Mein Freund?
HERKULES Phyleus?
DEIANEIRA Ich konnte ihn nicht heiraten. Ich habe ihn vor dem Hausaltar verlassen.

Schweigen.

HERKULES Du weißt, wie es um mich steht.
DEIANEIRA Ich weiß.
HERKULES Entscheide nun du.
DEIANEIRA Wir gehen nach Stymphalien.
HERKULES Dieses Land ist noch schmutziger als Elis.
DEIANEIRA Ich werde bei dir sein.
HERKULES Nun müssen wir beieinander bleiben.
DEIANEIRA Wir gehören auch zusammen.
HERKULES Nimm den Kessel, Polybios.
POLYBIOS Jawohl, verehrter Meister.
HERKULES Treten wir das Feuer aus.

Er tritt das Feuer aus.

DEIANEIRA Nehmen wir mit, was uns noch geblieben ist.
POLYBIOS Viel ist's ja nicht.

Er packt das Zelt in den Kessel.

DEIANEIRA Brechen wir auf.

Sie setzt sich aufs Podium.

POLYBIOS Nach Stymphalien.

Er setzt sich mit dem Kessel ebenfalls aufs Podium.

HERKULES Machen wir uns an die Arbeit.

Er will das Podium hochklappen.

POLYBIOS An die sechste Arbeit!
DEIANEIRA Die Schale!

Herkules stutzt.

DEIANEIRA Die Schale schwarzen Bluts. *Sie nimmt die Schale vom Podium.* Fast hätte ich sie vergessen.

Herkules klappt das Podium hoch und geht mit Deianeira und Polybios nach rechts hinaus.
Stille. Nur noch der gewaltige Mist ist sichtbar.

Von vorne links kommt Iole.

IOLE Herkules! Mein Geliebter! Ich ziehe dir nach, wohin du auch gehst, was du auch tust, welche Arbeiten du auch vollbringst, und sei es bis ans Ende der Welt! Ich bleibe in deiner Nähe, unsichtbar, verborgen hinter einem Strauch oder hinter einem Felsen, und meine Stimme wirst du nur wie ein fernes Echo vernehmen und nicht ahnen, daß ich es bin, die dir ruft. Mein Geliebter! Herkules! Doch einmal, in einer Nacht, irgendwo, an einem Ort, den du noch nicht kennst und ich noch nicht weiß, aber den es gibt, wenn der Vollmond leuchtet und ich älter geworden bin und schöner, komme ich zu dir an dein Lager, und dann vermagst du mir nicht mehr zu widerstehen, dann bist du mir verfallen.

Iole geht langsam nach rechts hinten Herkules nach.

Von links vorne kommt Phyleus. Er trägt einen griechischen Helm, und in der Rechten hält er ein bloßes Schwert. An seinem Gewand sind noch die Hochzeitsbänder. Er bleibt finster mitten auf der Bühne stehen.

PHYLEUS Deianeira!

Stille.
Von links vorne kommt sein Vater Augias.

AUGIAS Mein Sohn.

PHYLEUS *feindlich* Sie haben uns verlassen, mein Vater. Der Felsen ist leer.

AUGIAS Ich weiß.

PHYLEUS Du hättest Herkules hindern sollen.

AUGIAS Niemand kann Herkules hindern. Er ist die einmalige Möglichkeit, die kommt und geht.

PHYLEUS Nun ist sie vertan, die einmalige Möglichkeit. Das ist dein Werk, Vater.

AUGIAS Ich bin nur der Präsident des Großen Nationalen Rates, mein Sohn.

PHYLEUS Du wolltest doch ausmisten.

AUGIAS Das wollten wir alle.

PHYLEUS Warum wurde dann nicht ausgemistet, Vater?

AUGIAS Weil die Elier sich vor dem fürchten, was sie wollen und von dem sie wissen, daß es vernünftig ist, mein Sohn. Weil die Vernunft große Zeiträume braucht, sich durchzusetzen, und weil Ausmisten nicht die Sache eines Geschlechtes, sondern die vieler Geschlechter ist.

PHYLEUS Das Unglück ist geschehen, Vater. Deianeira hat mich am Hausaltar verlassen. Mein Leben ist zerstört, mein Name verhöhnt. Nun muß ich hingehen, gegen Herkules zu kämpfen, gegen den einzigen Mann, den ich liebe und den ich jetzt hassen muß, weil nur sein Tod meine Schande rächt.

AUGIAS Herkules wird dich töten, mein Sohn.

PHYLEUS Ich glaube an meinen Sieg.

AUGIAS Das glauben alle, die in den Kampf ziehen.

PHYLEUS Die Welt wird erkennen, daß es auch eine elische Heldengröße gibt.

AUGIAS Es ist sinnlos, in einen sinnlosen Tod zu rennen.

PHYLEUS Hat das Leben in unserem Mist einen Sinn, Vater?

AUGIAS So komm in meinen Garten. Er blüht im letzten Feuer des Herbstes.

PHYLEUS *verwundert* Es gibt einen Garten in Elis?

AUGIAS Du bist der erste, der ihn betreten darf. Du hast zu wählen zwischen ihm und dem blutigen Erdhügel, der sonst deinen entstellten Leichnam decken wird. Komm, mein Sohn!

15. Im Garten des Augias

Phyleus geht nach vorne rechts, starrt ins Publikum.
Augias tritt in die Mitte der Bühne, klappt das Podium
herunter, geht ins Innere, setzt einen Gärtnerhut auf und
bindet sich eine grüne Gärtnerschürze um, stellt einige
jämmerliche Töpfe mit Geranien usw. an den Rand des
Podiums, gemächlich, dann zwei Gartenzwerge, pflanzt
zwei Sonnenblumen auf, einen kleinen Apfelbaum; alles
durchaus kleinbürgerlich.

PHYLEUS Mein Vater?
AUGIAS Mein Sohn?
PHYLEUS *finster* Alles voll Blumen, Bäume voll Früchte.
AUGIAS Greif den Boden.
PHYLEUS Erde!
AUGIAS *hart* Aus Mist ist Erde geworden. Gute Erde.
PHYLEUS Ich verstehe dich nicht mehr, Vater.

Augias geht wieder ins Innere, kommt mit einer Gieß-
kanne und mit einer Stechschaufel.

AUGIAS Siehst du, mein Sohn, an diesem Garten habe ich
ein Leben lang im geheimen gearbeitet, und so schön
er ist, er ist ein etwas trauriger Garten. Ich bin kein
Herkules. Und wenn nicht einmal er der Welt seinen
Willen aufzuzwingen vermag, wie wenig erst vermag
ich es. So ist dies der Garten meiner Entsagung. Ich

bin Politiker, mein Sohn, kein Held, und die Politik
schafft keine Wunder. Sie ist so schwach wie die
Menschen selbst, ein Bild nur ihrer Zerbrechlichkeit
und immer wieder zum Scheitern bestimmt. Sie schafft
nie das Gute, wenn wir selber nicht das Gute tun. Und
so tat ich denn das Gute. Ich verwandelte Mist in
Humus. Es ist eine schwere Zeit, in der man so wenig
für die Welt zu tun vermag, aber dieses Wenige sollen
wir wenigstens tun: das Eigene. Die Gnade, daß unsere Welt sich erhelle, kannst du nicht erzwingen, doch
die Voraussetzung kannst du schaffen, daß die Gnade
– wenn sie kommt – in dir einen reinen Spiegel finde
für ihr Licht. So sei denn dieser Garten dein. Schlag
ihn nicht aus. Sei nun wie er: verwandelte Ungestalt.
Trage du nun Früchte. Wage jetzt zu leben und hier zu
leben, mitten in diesem gestaltlosen, wüsten Land,
nicht als ein Zufriedener, sondern als ein Unzufriede-
ner, der seine Unzufriedenheit weitergibt und so mit
der Zeit die Dinge ändert: die Heldentat, die ich dir
nun auferlege, Sohn, die Herkulesarbeit, die ich auf
deine Schultern wälzen möchte.

*Phyleus steht unbeweglich. Dann wendet er sich dem
Vater zu. Geht zu ihm, bleibt neben ihm stehen, den
Rücken gegen das Publikum.*

PHYLEUS Leb wohl!

*Er geht mit gezücktem Schwert nach rechts hinaus, Her-
kules nach.*
*Augias beginnt, die Blumen zu begießen. Aus dem Mist
tauchen die Parlamentarier auf.*

DIE ZEHN

So geht denn alles zu Grunde
Politiker, Helden und Land
Die Knochen fressen die Hunde
Das Blut versickert im Sand

Die Reichen, Faulen und Satten
Sie haben die Chance vertan
Es sinken nieder die Schatten
Das große Sterben fängt an

Der Schutt in Herzen und Gassen
Er säubert von selber sich nie
Was heute ihr unterlassen
Verschlingt euch schon in der Früh

Drum hurt euch nicht durch die Zeiten
Und tut, was ihr tun müßt, noch bald
Sonst wird der Tag euch entgleiten
Die Nacht ist dunkel und kalt

Der Prozeß um des Esels Schatten

Ein Hörspiel
(nach Wieland
– aber nicht sehr)

Die Stimmen

Struthion, Zahnarzt
Anthrax, Eseltreiber
Krobyle, seine Frau
Philippides, Stadtrichter
Miltias, Assessor
Physignatus,
  Advokat von Struthion
Polyphonus,
  Advokat von Anthrax
Peleias, Putzmacherin,
  Geliebte des Mastax
Mastax, Helmschmied,
  Bruder des Tiphys
Tiphys, Kapitän
Iris, seine Braut
Strobylus, Oberpriester,
  Protektor von Anthrax
Telesia, Liebkind des
  Strobylus, heilige
  Jungfrau
Agathyrsus, Erzpriester,
  Protektor von Struthion
Vorsitzender
  des Tierschutzvereins
Vorsitzender des
  Fremdenverkehrsvereins
Direktor der Marmor AG
Agitator
Hypsiboas, Senatspräsident
Pfrieme, Zunftmeister
Thykidides, Waffendirektor
1. Mann, Abgesandter
  der Schattenpartei
2. Mann, Abgesandter
  der Eselspartei
Feuerwächter
Der Esel
Feuerwehrhauptmann Pyrops
Feldweibel Polyphem
Feldweibel Perseus
Bettler
Ausrufer
Verkäuferin
1. Richter
2. Richter
3. Richter
4. Richter
5. Richter

Geschrieben 1951

Von Wieland übernommen sind Teile der Dialoge auf den Seiten 123–129
sowie die Rede des Miltias auf Seite 151, die aus der indirekten in die
direkte Rede übersetzt wurde. Das Lied des Tiphys wurde 1980 für diese
Ausgabe neu gedichtet.

STRUTHION Ich bin Struthion, der Zahnarzt. Mit mir fängt dieser verfluchte Fall an. Er hat mich vollkommen ruiniert. Vollkommen, sage ich. Haus, Praxis, Ehe, Vermögen, alles. Dabei bin ich unschuldig, vollkommen unschuldig! Ich habe nur einen Fehler begangen, das gebe ich ohne weiteres zu: ich bin in Megara geboren und in dieses lausige thrazische Nest Abdera ausgewandert. Wer geht schon nach Abdera, fragen Sie mich. Ich mich auch. Abdera ist eine Katastrophe! Zehntausend Einwohner – schweigen wir von ihnen. Tausend schlechtgebaute Lehmhäuser – jetzt sind ja die meisten abgebrannt. Schmutzige Gassen, in der Umgebung nichts als Sümpfe, mit nichts als Fröschen – reden wir nicht davon, mir ist ganz schwindlig vor Fröschen. Kurz gesagt: Alles tiefste Provinz. Tempel gibt es zwei. Im einen verehrt man die Latona, eine Göttin, die einst Bauern in Frösche verwandelte, und im andern den Jason, irgend so einen Halbgott, der zwei mächtige Stiere getötet haben soll: auch das ist typisch. Und hier bin ich Zahnarzt! Aber ich will gar nicht mehr davon reden. Ich will davon reden, wie ich eines Morgens – es war vorigen Sommer – dringend nach Gerania gehen mußte, drei Tagreisen von hier. Dem Direktor der dortigen Sklavenimportgesellschaft schmerzte der linke obere Weisheitszahn. Ich verfluche seitdem die Weisheitszähne. Ich mache mich also

auf den Weg. Vorher hatte ich nichts genossen als
etwas kalten Truthahn und ein Ei. Noch ein Glas
Roten, das gebe ich zu. Meine Eselin, die ich sonst zu
reiten pflegte, hatte am Vorabend ein Füllen geworfen.
Ich gehe deshalb früh am Morgen auf den Marktplatz,
der wie immer von Bettlern, Ausrufern und Verkäu-
fern wimmelt, zu einem Eseltreiber, um mir einen Esel
zu mieten.

Man hört seine Schritte.

BETTLER Ein Almosen, Herr Struthion, ein kleines, sauberes Almosen!

VERKÄUFERIN Pflaumen, frische Pflaumen, die ersten
Pflaumen!

AUSRUFER Die Athener landen in Sizilien!
Wendung im Peloponnesischen Krieg!

ANTHRAX Auf dem Marktplatz angelangt, kam der Herr
Zahnarzt Struthion zu mir, dem Eseltreiber Anthrax.
Auch mir wirft man jetzt vor, ich sei schuld an dem
Brand. So ein Blödsinn! Ausgerechnet ich, der Patriot,
der ich immer sage: Nichts über Abdera, nichts über
Thrazien? Natürlich war er mir nicht sympathisch,
dieser Zahnzieher, wie er da quer über den Marktplatz
auf mich zukam wie ein rollendes Faß; kein Wunder,
schließlich stammt er aus Megara, dort haben sie ja die
Plattfüße erfunden. Haben Sie schon einmal einen aus
Megara gesehen, der Ihnen sympathisch war? Na also.
Ich auch nicht. Nach Wein hat er auch gestunken, und
nicht nur nach einem Glas Roten, sondern nach einer
Flasche, das konnte ich ganz deutlich an seinem Atem
feststellen. Was das einem als Proletarier für einen
Eindruck macht, wenn man wie ich nichts als Hirse-

brei mit Knoblauch zu essen kriegt das ganze Jahr, können Sie sich denken. Dabei hat man diesen Zahnarzt aus Griechenland noch nie in einem Tempel gesehen, ein ganz stockfinsterer Atheist; sogar eine Badewanne soll er bei sich zu Hause haben, dieser Heide!

STRUTHION Ich miete mir also vom Treiber Anthrax einen Esel, um Popopolis zu erreichen, die erste Station auf dem Wege nach Gerania. Einen nicht schlechten Esel, muß ich sagen, nicht ungepflegt und gut gestriegelt. Ich sitze also auf, der Eseltreiber hinterher. Es geht durch die schmutzigen Gassen, am Ratshaus vorbei, am Theater vorbei, an der Sporthalle vorbei, durch das untere Burgtor hindurch und durch das obere wieder hinaus, und schon sind wir in den Sümpfen.

Man hört die Frösche quaken, den Esel klappern, Anthrax gehen.

ANTHRAX Da trotte ich neben den beiden. Neben dem Esel und neben dem Zahnarzt, der auf dem Esel sitzt. Ich gehe zu Fuß, wie immer. Die heiligen Frösche quaken, auch wie immer. Ich verbeuge mich, gegen den Osten, gegen den Westen, gegen Nord und Süden. Der Zahnarzt verzieht keine Miene. So ein Atheist, so ein Heide! Wir verlassen die heiligen Sümpfe und erreichen die große Ebene.

STRUTHION *stöhnt* Verflucht! Diese enorme Hitze! Die Ebene zwischen Abdera und Gerania ist geradezu berühmt in dieser Hinsicht. Das Volk nennt sie ja auch die Hitzschlag-Ebene. Und ich reite, reite, reite. Manchmal steht der Esel still, dann geht er weiter, dann steht er wieder still – und hinter uns der Eseltreiber, stinkend von Knoblauch. Ich reite. Die Sonne steigt immer höher. Ich reite. Eine Stunde. Kein Baum, kein Strauch, nichts, nur Ebene, nur verdorrtes Gras und Grillen, Schwärme von Grillen. – So eine Ebene ist nur in Thrazien möglich. Es wird mir ganz schwindlig, die Sonne ein feuersprühendes Rad über Esel und Mensch. Endlich wird es mir zu dumm. Ich steige vom Esel und setze mich in dessen Schatten. Da glotzt mich der Kerl von einem Eseltreiber an, und was jetzt geschieht, hätte ich nie für möglich gehalten. Ich traue meinen Ohren nicht.

ANTHRAX Nu, Herr, was macht Ihr da? Was soll das?

STRUTHION Was geht es dich an, Kerl? Ich setze mich ein wenig in den Schatten deines Esels. Die Sonne scheint, daß ich ganz ohnmächtig werde.

ANTHRAX Nö, mein guter Herr, so haben wir nicht gehandelt! Ich vermietete Euch den Esel, aber vom Schatten haben wir kein Wort gesprochen.

STRUTHION Bist du verrückt, Kerl? Der Schatten geht mit dem Esel, das versteht sich. Ich habe beide gemietet, als ich den Esel mietete.

ANTHRAX Bei den heiligen Fröschen! Das versteht sich nicht. Eines ist der Esel und das andere sein Schatten. Ihr habt mir den Esel um zehn Kupfermünzen abgemietet. Hättet Ihr den Schatten auch dazu mieten wollen, so hättet Ihr's sagen müssen. Mit einem Wort, Herr, steht auf und setzt Eure Reise fort, oder bezahlt mir für den Schatten, was billig ist.

STRUTHION Was? Ich habe für den Esel bezahlt und soll jetzt auch noch für seinen Schatten zahlen? Nenne mich selbst einen dreifachen Esel, wenn ich das tue! Der Esel ist für diesen ganzen Tag mein, und ich will mich in seinen Schatten setzen, so oft mir's beliebt, und darin sitzen bleiben, so lang mir's beliebt, darauf kannst du dich verlassen!

ANTHRAX Ist das im Ernst Eure Meinung?

STRUTHION In ganzem Ernst.

ANTHRAX So komm der Herr nur gleich wieder nach Abdera zurück vor den Stadtrichter. Da wollen wir sehen, wer von uns beiden recht behalten wird. So wahr die heiligen Frösche mir und meinem Esel gnädig sind, ich will sehen, wer mir den Schatten meines Esels wider meinen Willen abtrotzen soll!

STRUTHION Was konnte ich da machen! Dazu also bin ich aus Megara nach Abdera ausgewandert! Das kann mir wirklich nur in Thrazien passieren! Zuerst hatte ich große Lust, den Eseltreiber durchzuprügeln, doch habe ich mir dann den Mann besehen: Einen Meter neunzig und zweimal breiter als sein Esel, es blieb mir also nichts anderes übrig, als den Weisheitszahn im Stich zu lassen und nach Abdera zurückzukehren zum Stadtrichter Philippides.

PHILIPPIDES Na schön. Da kamen die beiden also zu mir, dem Stadtrichter Philippides. Ich sitze im Gerichtsgebäude, so gegen elf, und höre sie schon von weitem schreien.

STRUTHION Betrüger! Du ruinierst meine Praxis!

ANTHRAX Ausbeuter! Sie wollen mich armen Kerl bis zum Hemd ausplündern!

PHILIPPIDES Na, denke ich, schreit nur, dafür bin ich ja Stadtrichter. Schon seit zwanzig Jahren. Na, denke ich, lassen wir die beiden nur hereinkommen, wenn keine Advokaten herumschleichen, gibt es bei mir einen guten Frieden. Ich bin überhaupt immer für den

Frieden. Dazu bin ich da, daß ich für den Frieden bin.
Noch jeder, den ich so schreien hörte, schien mir recht
zu haben. Kommt ein Reicher zu mir mit einem Dieb,
hör ich zuerst dem Reichen zu. Natürlich, der Reiche
hat recht, was man besitzt, besitzt man. Man soll nicht
stehlen. Dann höre ich den Dieb. Na, denke ich, auch
er hat recht, denn man soll nicht hungern. Der Mensch
hat Brot nötig. So gibt es ein Recht des Reichen und
ein Recht des Armen. Soll ich da Partei ergreifen?
Darum bin ich für den Frieden, damit jeder sein Recht
habe. Das sage ich, der Stadtrichter von Abdera. Frieden müssen alle haben. Ohne Frieden geht es nicht.
Na, denke ich, da kommen die beiden Schreihälse
schon. Es ist der Zahnarzt Struthion und der Eseltreiber Anthrax, ich kenne sie alle beide. In Abdera kennt
jeder jeden. Ich schaue zuerst den Zahnarzt an und
dann den Eseltreiber, dann noch einmal den Eseltreiber, und dann wieder den Zahnarzt. Wer von euch
beiden ist eigentlich der Kläger? frage ich.

STRUTHION Ich klage gegen den Eseltreiber, daß er unseren Kontrakt gebrochen hat.

ANTHRAX Und ich klage gegen den Zahnarzt, daß er sich
in den Besitz eines Schattens setzen will, den er nicht
gemietet hat.

PHILIPPIDES Da haben wir also zwei Kläger. Und wo ist
der Beklagte? Ein kurioser Handel. Na, erzählt mir die
Sache noch einmal mit allen Umständen – aber einer
nach dem andern –, denn es ist unmöglich, klug daraus
zu werden, wenn beide zugleich schreien.

STRUTHION Hochgeachteter Herr Stadtrichter! Ich, der
Zahnarzt Struthion, habe diesem Eseltreiber den Ge-
brauch des Esels auf einen Tag abgemietet. Es ist wahr,

über den Schatten des Esels haben wir nichts abgemacht. Aber wer hat auch jemals gehört, daß bei
solcher Miete eine Klausel wegen eines Schattens wäre
eingeschaltet worden? Es ist ja, beim Herkules, nicht
der erste Esel, der zu Abdera vermietet wird.

PHILIPPIDES Da hat der Zahnarzt recht.

STRUTHION Der Esel und sein Schatten gehen miteinan-
der, Herr Stadtrichter, und warum sollte der, der den
Esel gemietet hat, nicht auch das Anrecht auf seinen
Schatten haben?

PHILIPPIDES Wahr. Und Du, Eseltreiber, was hast du
vorzubringen?

ANTHRAX Gestrenger Herr, ich bin nur ein gemeiner
Mann, aber das geben mir meine fünf Sinne ein, daß
ich nicht schuldig bin, meinen Esel umsonst in der
Sonne stehen zu lassen, damit sich ein anderer in
seinen Schatten setze. Ich habe dem Herrn den Esel
vermietet, und er hat mir die Hälfte vorausbezahlt, das
gestehe ich. Aber ein anderes ist der Esel und ein
anderes sein Schatten.

PHILIPPIDES Auch wahr.

ANTHRAX Will er den Schatten haben, so mag er halb so
viel bezahlen als für den Esel selbst, denn ich verlange
nichts als was billig ist, und ich bitte, mir zu meinem
Recht zu verhelfen.

PHILIPPIDES Das Beste, was ihr tun könnt, ist, euch in
Güte miteinander abzufinden. Ihr, ehrlicher Anthrax,
laßt immerhin des Esels Schatten, weil's doch nur ein
Schatten ist, mit der Miete gehen; und Ihr, Herr
Struthion, gebt ihm drei Kupfermünzen dafür, so können beide Teile zufrieden sein. Der Friede ist immer
das beste.

STRUTHION Ich gebe diesem verlausten Eseltreiber nicht eine Kupfermünze! Ich will mein Recht!

ANTHRAX Und ich das meine!

PHILIPPIDES Na, denke ich, da schreien sie wieder, und lasse sie schreien, man soll sich nicht in Dinge einmischen, die sich von selbst erledigen. Ich wische mir den Schweiß ab, sie schreien weiter, ich schneuze, sie schreien weiter. Da plötzlich klappen sie ihre Mäuler zu, beide zugleich. Totenstille. Wo ist denn der Esel? frage ich.

ANTHRAX Auf der Gasse vor der Tür, gestrenger Herr.

PHILIPPIDES Ich lasse ihn hereinführen, den Esel. Da kommt er, ein graues, trauriges, schwerfälliges Vieh, bleibt stehen, stellt die Ohren, i-aht, schaut erst den Eseltreiber, dann den Zahnarzt, endlich mich an, schüttelt den Kopf, läßt ihn resigniert sinken. Na, denke ich, dich kann ich begreifen, die menschliche Dummheit ist zum Weinen. Jetzt fängt der Eseltreiber wieder zu schreien an.

ANTHRAX Da seht Ihr nun selbst, gnädiger Herr Stadtrichter, ob der Schatten eines so schönen stattlichen Esels nicht seine fünf Kupfermünzen unter Brüdern wert ist, zumal an einem so heißen Tage wie der heutige.

PHILIPPIDES Du bestehst also darauf, für den Schatten fünf Kupfermünzen zu bekommen?

ANTHRAX Bei den heiligen Fröschen! Da gibt's kein Zurück! Da kenne ich keine Flausen!

PHILIPPIDES Gut, Eseltreiber. Dann muß ich einen Gerichtstag ansetzen. Führ den Esel in den Hof, Gerichtsdiener. Er bleibt bis zur Entscheidung des Gerichts bei uns interniert.

ANTHRAX Gestrenger Herr, das könnt Ihr doch nicht tun!

PHILIPPIDES Es geht nicht anders. Die Gerechtigkeit ist streng. Der Esel ist das Objekt eines Rechtshandels und muß hier bleiben.

ANTHRAX Ich lebe doch vom Esel!

PHILIPPIDES Siehst du, Eseltreiber, das kommt, weil man den Frieden nicht will, und der Friede ist doch das Wichtigste. Wenn Krieg ist mit den Mazedonen, kannst du deinen Beruf auch nicht ausüben, du mußt den Esel der Armee abliefern, und wenn du einen Prozeß willst, mußt du ihn dem Gericht abliefern. Gibst du jetzt nach? Na, Zahnarzt Struthion, Ihr zahlt dem Eseltreiber vier Kupfermünzen, um Euren guten Willen zu beweisen, und du, Eseltreiber Anthrax, nimmst sie an. Dann setzt eure Reise nach Gerania schleunigst fort, der arme Kerl kommt sonst um vor Zahnschmerzen.

STRUTHION Ich weiß nicht.

ANTHRAX Nu, Herr Stadtrichter.

PHILIPPIDES Na, denke ich, die habe ich bald weich, ich dränge weiter, rede ihnen zu, einen guten Grund um den andern bringe ich ihnen vor, schon wollen sie nachgeben, kratzen sich hinter den Ohren – da kommen leider die Advokaten Physignatus und Polyphonus vorbei, zwei Geiern nicht unähnlich, in ihren gelben Mänteln und mit ihren langen Hälsen.

PHYSIGNATUS Haben Sie das gehört? Da kamen leider Physignatus und Polyphonus vorbei, die Advokaten. Leider, das ist das Wort, das zu brauchen man nötig findet. Nun, ich will hier meinen Kollegen, Polyphonus, nicht in Schutz nehmen, es ist mir unverständlich, wie man sich als Mitglied der Juristenkammer Abderas auf die Seite des Eseltreibers stellen kann – es ist mir unverständlich, sage ich –, aber mich des Zahnarztes Struthion anzunehmen, war nun doch wohl meine heiligste Pflicht. Um was ging es denn im Grunde in diesem Prozeß, der nun auf eine so fürchterliche Weise ein Ende nahm? Es ging um eine saubere Rechtssprechung und um nichts anderes! Man wirft mir vor, ich hätte aus Geldgier den Prozeß betrieben. Geht es ums Geld, wenn es um das Recht selber geht? Nein, dieser Prozeß ging gegen die ewige Arroganz, die immer wieder versucht, das klar definierte Recht zu umgehen und einen Zustand der Rechtlosigkeit für ihre dunklen Ziele zu erreichen.

POLYPHONUS Es ging in diesem Prozeß, darin hat Physignatus recht, um die Justiz selbst. Aber nun muß ich, Polyphonus, doch fragen: Was ist denn das Recht? Gewiß, Physignatus hat in Athen studiert, in Syrakus, in Mykene, und ich nur in Pella, zugegeben, aber dennoch: Ist nicht das Recht nicht so sehr Wissen als vielmehr ein lebendiges Gefühl? Ich weiß, man hat mir alle möglichen Beweggründe zugeschrieben, um meinen Einstand für den Eseltreiber Anthrax in den Schmutz zu ziehen. Ein bekannter Publizist schrieb sogar, ich hätte einen Seitenblick auf den Esel geworfen, der mir ein hübsches wohlgenährtes Tier zu sein schien. Das ist eine gemeine Verleumdung. Denn was ist der eigentliche, wahre Grund? Nichts anderes als die Tatsache, daß aus dem Volke selbst, aus seiner Mitte, aus dem Munde eines seiner geringsten ein neuer Rechtsgrundsatz entstieg, aus der Not, aus dem Schmutz, aus dem Elend heraus. Ein neuer Rechts-

grundsatz, sage ich, denn warum sollen all diese Unbe-
mittelten nicht das Recht auf ihren Schatten haben?
Sollen wir diese Stimme nicht frei von allen Vorurtei-
len als das zu vernehmen suchen, was sie ist, als die
Stimme des Rechtes selbst? So ließ ich denn den Esel,
dem Verlangen des Stadtrichters Philippides gemäß, im
Gerichtsgebäude einstellen und ging mit Anthrax hinaus auf den Marktplatz, in die immer noch heiße
Sonne.

VERKÄUFERIN Aprikosen, frische Aprikosen, die ersten
Aprikosen!

AUSRUFER Die Athener klagen ihren Admiral Alkibiades
an! Sensation im Peloponnesischen Krieg!

VERKÄUFERIN Persische Wolle, beste persische Wolle!

POLYPHONUS Kopf hoch, Eseltreiber Anthrax! Dein Esel
ist zwar interniert, aber alles in allem wirst du mit
diesem Prozeß zwölf Drachmen verdienen.

ANTHRAX Zwölf Drachmen? Bei den Fröschen, Herr Polyphonus, zwölf Drachmen! Mich trifft der Schlag!

POLYPHONUS Zwölf Drachmen.

ANTHRAX Zwölf Drachmen. Ich kann mir drei neue Esel
damit anschaffen. Gute mazedonische Tiere. Ich werde der erste und schnellste Eseltreiber in Abdera.

POLYPHONUS Es wird nicht leicht sein, den Prozeß zu
gewinnen, Eseltreiber Anthrax. Ich muß darauf beste-
hen, daß du in diesem Punkt klarsiehst. Es kommt
nicht nur auf mich an. Vor allem ist es wichtig, daß du
ein sauberes, ehrbares Leben führst, Eseltreiber. Die
Augen der Stadt sind jetzt auf dich gerichtet. Man sagt
zum Beispiel von dir, du seist hin und wieder betrunken.

ANTHRAX Aber Herr Polyphonus!

POLYPHONUS Gestern sah ich dich über die Jasonstraße torkeln, gerade aus der Schenke des Leonidas.

ANTHRAX Ein Pflaumenschnäpschen, lieber Herr, hin und wieder ein Pflaumenschnäpschen.

POLYPHONUS Das hat aufzuhören. Strengste Enthaltsamkeit. Auch deine Frau zu prügeln, hat nicht mehr stattzufinden. – So können wir den Frauenverein für uns gewinnen.

ANTHRAX Aber lieber Herr Polyphonus –

POLYPHONUS Kein Aber. Keine Widerrede. Es gilt jetzt den Glauben an das Volk zu wecken. Du bist jetzt das Volk. Ein bloßer Eselsschatten genügt nicht, da kümmert sich keine Seele darum.

ANTHRAX Ich bin doch nur einer, Herr Polyphonus, und das Volk ist gleich eine ganze Menge.

POLYPHONUS Du bist der, auf den es ankommt. Ein General ist auch nicht die Armee, aber er ist der wichtigste. Ohne ihn geht der Krieg todsicher verloren. So ein General bist du jetzt, Eseltreiber Anthrax, ein General der Tugend, ein General der guten Ehe, ein General der Abstinenz. Mein Honorar beträgt vier Drachmen, laut dem Statut der Juristenkammer. Honorar für Minderbemittelte. Es ist innerhalb der nächsten drei Tage zu bezahlen.

ANTHRAX Vier Drachmen, Herr Polyphonus? Bei den Fröschen! Dann kann ich mir ja nur zwei Esel kaufen!

POLYPHONUS Du verdienst schließlich zwölf Drachmen im ganzen. Ich kann im Punkte der Honorierung leider keine Ausnahme machen, ich muß mich da streng an die Vorschriften halten. Kopf hoch, Anthrax. Ich muß nun in die Apollogasse einbiegen zum Rentner Pamphus.

KROBYLE Bei den heiligen Göttern! Jetzt ist mein Mann verrückt geworden.

ANTHRAX Der Zahnarzt ist verrückt geworden, Frau, der sich in den prächtigen Schatten meines gesunden Esels setzen wollte, ohne zu zahlen. In der prallen Sonne. Sind das solide Geschäftsmethoden in Abdera? So kommt man mir nicht, mir, dem Volk! Jetzt gibt es eben einen Prozeß, daß sich die Götter verkriechen! Die Betten heraus. Es ist Sommer, da können wir gut auf dem Fußboden schlafen!

KROBYLE Da stehe ich armes Weib, Krobyle, Tochter des Schuhmachers Anomalos und der Hebamme Hebe, vor meinem Topf weichgekochter Hirse und höre mir die Unglücksgeschichte an, die mir mein Mann, der Eseltreiber Anthrax, Sohn des Sklaven Hydor und der Kuhmagd Persephone, da erzählt. Von diesem Mann ließ ich mich zur Ehe beschwatzen! Und dabei hatte doch der Berufsboxer Kêtos einen Blick auf mich geworfen! – Da verkauft er nun unsere Möbel und unsere Betten und läßt den Esel beim Gericht, sein einziger Verdienst. Ein Eseltreiber, der mit einem Zahnarzt einen Prozeß führt. Aussichtslos. Der ist mit einem Advokat allein nie zu gewinnen. Ein Eseltreiber bleibt ein Eseltreiber, da kann der beste Fürsprecher nichts machen, ich kenne die Welt. Und die Tugend schafft es auch nicht – ich kenne die Tugend. Die hält nie lange, wenn man kein Geld hat. Bei mir nicht und bei Anthrax nicht. Da muß man schon was Höheres dafür interessieren, was Geistiges, so eine richtige Portion Religion, einen soliden Priester, wir gehören doch zum Tempelbezirk der Latona. Die muß her mitsamt ihren Fröschen. Ich kenne mich in den Prie-

stern aus, meine Mutter war doch mit einem beinahe
verheiratet. Je höher man greift, desto besser. Mann,
sage ich, Anthrax, wir müssen den Oberpriester Strobylus persönlich dafür interessieren, sonst bleiben deine Esel da, wo sie jetzt sind: in deinem Hirn.

ANTHRAX Du bist nicht gescheit, Krobyle. Wie willst du
das machen? Ein Oberpriester hat sich noch nie um die
Sorgen eines Eseltreibers interessiert.

KROBYLE Ganz einfach: Meine Freundin Peleias, die
Putzmacherin, kennt einen Helmschmied namens Mastax, der sie heiraten will, aber sie will nicht, von
wegen dem Gastwirt Kolon, der ihr so zuredet, weil
seine Frau gestorben ist. Aber der Mastax hat einen
Bruder, der ist ein Kapitän und mit der Iris verlobt, du
kennst sie doch, die dicke Blonde.

ANTHRAX Die Iris geht mich nichts an.

KROBYLE Dummkopf! Sie ist doch Köchin bei der Tänzerin Telesia!

ANTHRAX Was zum Teufel hat die Tänzerin Telesia mit
meinem Prozeß zu tun?

KROBYLE Mann! Hast du denn keinen Verstand! Die
Tänzerin geht doch oft in der Nacht zum Oberpriester
Strobylus, um ihm vorzutanzen. Das weiß doch jedes
Kind!

ANTHRAX Beleidige den Oberpriester der Frösche nicht,
Weib! Er ist ein Heiliger! An die Religion lasse ich
nichts kommen, ich bin ein frommer Mann!

KROBYLE Natürlich ist er ein Heiliger! Aber Heilige sind
doch auch Menschen! Außerdem tanzt ihm die Telesia
ja nicht einmal eigentlich vor, sie steht nur so als Statue
da und macht die Bildsäulen der Artemis und der
Aphrodite nach, die in den Tempeln stehn.

ANTHRAX Ach so. Das ist etwas ganz anderes. Das sind mehr naturwissenschaftliche Studien, oder wie man so sagt. Aber was soll das alles?

KROBYLE Ganz einfach. Ich rede mit der Putzmacherin, die mit dem Helmschmied, der mit der Iris, die mit der Tänzerin und die mit dem Oberpriester. Das müssen wir tun, Anthrax, denn ich kenne die Frau vom Zahnarzt Struthion, ich habe mal bei ihr gewaschen, die wird zu allen Richtern gehen, und du hast das Nachsehen, wenn wir nicht vorsorgen. Der Oberpriester, der ist richtig. Der wird dir zu deinen acht Drachmen verhelfen, ich kenne die Religion, wir wohnen doch schließlich im Tempelbezirk der Latona.

ANTHRAX Acht Drachmen! Alte, wenn das möglich wäre!

KROBYLE Das war schwer. Aber endlich ist der Mann überzeugt. Ich gebe die Betten heraus und die Möbel, und am Samstagabend mache ich mich auf den Weg zur Putzmacherin Peleias. Sie wohnt im Burgviertel, oben in Kolons Schenke. Überall stehen die Weiber vor den Türen und wischen mit ihren Besen. Die Männer sind in den Wirtshäusern, wie immer. Die Türe von Peleias Wohnung ist unverschlossen, ich trete ein. Die Putzmacherin umarmt mich. Nimm Platz, sagt sie. Peleias, sage ich, willst du nun den Mastax heiraten oder den fetten Kolon da unten, den Gastwirt.

PELEIAS Ich weiß nicht, Krobyle. Ich weiß es wirklich nicht, ich schwanke ganz furchtbar hin und her!

KROBYLE Nimm den Mastax. Dem Kolon ist schon die fünfte Frau gestorben. Immer in seiner Schenke und jeden Tag einen Haufen Prügel, das hat noch jede gehabt.

PELEIAS Mastax prügelt auch.

KROBYLE Natürlich, das tut jeder Mann, wenn er gesund ist. Nur Frauen, die Geld haben, werden nicht geprügelt, weil das in ihrem Ehevertrag steht. Aber Mastax prügelt viel fortschrittlicher als Kolon. Nur zwei Mal in der Woche. Das ist ein ungeheurer Fortschritt, sage ich dir, das ist direkt schon so etwas wie Zivilisation.

PELEIAS Meinst du? Ich habe jetzt immer geglaubt, Zivilisation sei der Name für die neue Haarfrisur, die sie in Griechenland tragen.

KROBYLE Mein Mann ist ja auch nicht schlecht, aber stockkonservativ. Jeden zweiten Tag eine Tracht Prügel und jeden dritten des Monats zwei, das steht so im hundertjährigen Kalender. Damit den Bauern das Vieh gut gerät, und wir müssen doch einen Esel haben. Aber jetzt ist er plötzlich ganz anders geworden. Seit Montag überhaupt keine Prügel. Allerdings ist auch der Esel nicht mehr im Haus. Anthrax ist jetzt für die Tugend. Weil er jetzt mit dem Zahnarzt Struthion prozessiert.

PELEIAS Da höre ich nun, die Putzmacherin Peleias, zu meinem Erstaunen die verrückte Geschichte vom Esel und seinem Schatten. Verstehe ich nicht. Ist mir viel zu hoch. Aber wenn die Krobyle plötzlich keine Prügel mehr kriegt, muß schon etwas Moralisches daran sein. Sie will jetzt natürlich, daß ich mit dem Mann rede, von wegen seinem Bruder. Ich glaube doch, daß ich den Helmschmied nehme, die Krobyle hat recht. Jetzt, wo er vielleicht den Auftrag bekommt. Ich warte also bis Sonntag. Da ist er. Der Sonntag nämlich. Einer, wie alle Sonntage in unserer Stadt sind. Am Morgen geht man in Abdera in die Predigt. Die Reichen in den

Jasontempel zu Agathyrsus, die Armen mehr zu Strobylus in den Latonatempel. Weil der Strobylus viel spannendere Geschichten erzählt von Göttern und Fröschen, ja sogar manchmal gegen die Reichen wettert. Das tut einem dann gut. Dann ißt man einen Braten. Am Nachmittag kommt nachher um zwei der Mastax die Treppe herauf.

Tritte kommen die Treppe herauf. Dann hört man an die Türe klopfen.

MASTAX He, Peleias, mach auf, ich bin's, der Mastax, der Helmschmied, wie immer prompt am Sonntagnachmittag um zwei.

PELEIAS Komm herein, Mastax!

MASTAX He du, willst du mich jetzt heiraten? Ich habe den Auftrag gekriegt. Zweitausend Helme für einen Barbarenstamm jenseits der Donau. Goten nennen die sich. Vorne am Helm muß ein Adler sein, links eine Göttin mit einer Ähre, rechts ein Gott mit einem Hammer, hinten ein Berg, auf dem eine Gemse herumklettert, und oben zwei richtige Kuhhörner, alles ganz naturalistisch. Kommt viel teurer als die stilisierten griechischen Helme. Auch die Kopfform ist drei Numero größer; so ein gotischer Helm wiegt vierundzwanzig Pfund. Ein Bombengeschäft, ich werde noch ein reicher Mann, oder wenigstens guter Mittelstand. Die Goten wollen mich an die ganze Rasse weiterempfehlen, die noch viel größer sein soll als die griechische oder die thrazische.

PELEIAS Wirst du mich auch nicht prügeln?

MASTAX Ich? Dich prügeln? Keinem Käfer kann ich was

zuleide tun, ich, mit meinem friedlichen Handwerk!
Nie, Peleias, nie! Und wenn ich mich mal so aus
Versehen an dir vergreife, wenn eine Wut über mich
kommt, so wirst du sehen: meine Prügel sind überhaupt keine Prügel.

PELEIAS Heute prügelt man nicht mehr. Die Zeit ist doch
jetzt modern geworden. Nicht einmal der Eseltreiber
Anthrax prügelt seine Frau.

MASTAX Der? Anthrax, der Eseltreiber? Der prügelt sie
jeden Tag, daß man's durch die ganze Jasonstraße
hört.

PELEIAS Jetzt nicht mehr, seit Montag, wo ihm doch die
Geschichte mit des Esels Schatten und dem Zahnarzt
passiert ist.

MASTAX Und die Peleias fängt an, zu erzählen. Tolle
Geschichte, muß ich sagen, was sie da vom Anthrax
erzählt. So ein Trottel, da muß man ja direkt zum
Oberpriester, sonst verliert der seinen Prozeß todsicher. Dem Zahnarzt soll es jetzt einmal ruhig an den
Kragen gehen. Eine halbe Drachme hat er mir letzthin
gefordert für einen wackligen Stockzahn. Was sagt sie
jetzt, die Peleias, dieses Blitzmädel? Heiraten will sie
mich, wenn ich mit meinem Bruder, dem Kapitän,
spreche? Will ich, will ich! Dem Anthrax wird geholfen, und die Peleias wird geheiratet. Und nun los, zum
Hafen hinunter. Ich höre, mein Bruder sei wieder
einmal mit seinem wackeligen Segelschiff aufgetaucht,
der Tiphys. Natürlich, er sitzt wieder in seiner Knei-
pe, sternhagelbesoffen, ich höre ihn schon seine Lieder
brüllen.

Man hört den singenden Tiphys.

TIPHYS

    Wenn aus den Wellen zwischen Felsen
    Charybdis ihre Nüstern bläht
    Wenn drohend mit den vielen Hälsen
    Die Skylla nach den Schiffen späht

MASTAX Heda, Bruder Kapitän, heda!

TIPHYS *schwer betrunken* Was störst du meinen Psalm?
    Halt's Maul, Bruder vom Land, ich singe den großen
    Choral des Seeräubers Tiphys.

    So spotte ich der Ungeheuer
    Sie zu vermeiden wußt ich stets
    Ich fürchte weder Pest noch Feuer
    Mit mir in alle Höllen fährt's.

MASTAX Hör auf mit Singen, Bruder Tiphys! Ich habe
    hier was für die Iris.

TIPHYS Iris? Wer ist das? Nie gehört.

MASTAX Das ist doch deine Braut.

TIPHYS Unsinn. Das ist doch die Klodia in Amphipolis.
    Ich werde doch meine Braut kennen.

MASTAX Aber was. Du hast dich doch vor drei Monaten
    mit der Iris verlobt, du weißt doch, die blonde Dicke,
    als du das letzte Mal hier warst.

TIPHYS Ja, jetzt erinnere ich mich. Aber die Iris war doch
    braun und hager.

MASTAX Blond, Tiphys, und dick. Ich schöre dir.

TIPHYS So. Blond und dick. Eigenartig. Da muß ich sie
    hinsichtlich Figur mit der Phoebe in Rhodus verwech-
    seln. Nun, so wird die braun und hager sein. Was will
    sie denn, die Braut?

MASTAX Willst du sie denn nicht besuchen?

TIPHYS Natürlich will ich sie besuchen. Das versteht sich
    doch.

MASTAX Dann erzähl ihr doch die Geschichte vom Eseltreiber Anthrax und dem Zahnarzt Struthion. Du
weißt, die Iris ist doch bei der Tänzerin Telesia in
Stellung.

TIPHYS Nun, bei drei steifen Grog erzählt mir mein Bruder Mastax die Geschichte vom Eseltreiber. Ich höre
zu. Gucke ihn an. Spucke aus. Schneuze die Nase.
Schweige. Er fragt, ob ich die Iris bitten würde, das
ihrer Tänzerin zu erzählen. Ich nicke mit dem Kopf.
Dann schneuze ich wieder. Fahre mit der Hand unter
der Nase durch. Der Bruder geht weg. Auf Nimmer-
wiedersehn, Bruder Mastax! Gefällst mir auch nicht
mehr. Nicht einmal richtig Schnaps hat er getrunken.
Abdera ist nichts für einen Kapitän. Nichts gefällt mir
in dieser Stadt, und die Geschichte mit dem Esel ist
eine dumme Geschichte. Kann nur auf dem Land
passieren. Was gehen mich die Zahnärzte an? Nichts.
Und die Iris? Auch nichts. Blond soll sie sein und dick.
Nicht mein Typ. Und meine Braut. Möglich. Einmal
verliert man ja schließlich die Übersicht.

Ich raub' dem Polyphem die Schafe
Der Helena ihr Seidenkleid
Wen ich bestehle, wen beschlafe
Es tat noch keinem Griechen leid.

Na, Wirt, was kostet die Flasche Schnaps? Waren's
drei? Auch gut. Hier, eine spanische Goldmünze, kauf
dir eine Karte vom Schwarzen Meer! Ade Abdera! –
Schwanke ein wenig, wie ich auf Bord komme. Macht
nichts. Auf die Kommandobrücke komme ich schon
noch, wenn ich alle viere brauche. Da stehe ich wie
eine Fahne im Wind. Hinein in die Bläue der Meere, in
den Gischt der Wellen, in das Rot der Korallen, in die

Leere des Sternenhimmels! Die Ferne verschluckt mich wie ein gieriger Rachen! Ahoi! Die Segel gehißt, weg, zu anderen Küsten, zu anderen Bräuten!

IRIS Tiphys! Kapitän Tiphys!

TIPHYS Schiffbruch und Seenot! Was klettert da auf meine Kommandobrücke? Eben, da ich weg will in die Adria? Ein Frauenzimmer, blond, dick! Die habe ich schon irgendwo gesehen. Mir schimmert was! Hoffentlich ist's nur ein Delirium. Aber es ist kein Delirium, es ist eine Braut. Der Neptun versteche mich mit seinem Dreizack! Das muß die Iris sein, ich bin nicht schnell genug geflüchtet. Mutig, Kapitän Tiphys, mutig, bist schon mit Dickeren fertig geworden damals in Abessinien.

IRIS Du bist in Abdera, Tiphys, und kommst nicht zu mir?

TIPHYS Die Iris! Sieh da, die Iris! Natürlich komme ich zu meiner Braut. Wollte eben kommen. Wollte mir nur noch die Sonntagsuniform anziehen. Habe Lebertran von Thule ausgeladen, und da stinkt's ein wenig.

IRIS Den ganzen Abend habe ich gewartet. Wir sind doch verlobt.

TIPHYS Und wie! Feste! Mit einem Seemann verlobt, ist so gut wie zweimal verheiratet.

IRIS O Tiphys, daß ich dich wieder habe! Immer dachte ich an dich, immer! Und heute zog ich der Herrin den Rock verkehrt an, so dachte ich an dich. Mein Tiphyschen! Sieh doch, wie der Mond über der Bucht steht! Ganz silbern.

TIPHYS Wie eine persische Silbermünze. Dafür kriegt man in Samos gleich ein ganzes Faß Aprikosenschnaps.

IRIS Und die Sterne verschwinden in seinem milchigen Glanz. O Tiphys! Millionen Funken sind über das Schwarze Meer gestreut, tanzen auf und ab.

TIPHYS Morgen kommt die Bise. Aber du mußt mich jetzt entschuldigen, ich muß fort.

IRIS Fort?

TIPHYS Leider. Dringender Auftrag. Ich komme auch gleich wieder. Muß nur schnell über die Bucht nach Xanthia hinüber.

IRIS Das hast du das letzte Mal auch gesagt und bist nicht wieder gekommen.

TIPHYS Habe ich? Jetzt kommt's mir in den Sinn: Ich wollte kommen, aber da hatte ich beim babylonischen Konsul einen Bombenrausch. Kommt aber nicht mehr vor. Bin solide geworden – Kunststück bei so einer Braut. Der Konsul ist übrigens versetzt, und außerdem muß ich eine Ladung Kamele holen für den Hafen von Amphipolis. Die Regierung von Pella braucht sie.

IRIS Kamele? Für diese Gegend?

TIPHYS Mazedonien will doch jetzt eine Großmacht werden.

IRIS Braucht man dazu Kamele?

TIPHYS Und wie! Vor allem Kamele. Nur Kamele. Einen ganzen Haufen. Ohne Kamele geht es heute immer weniger. Mit einer gut dressierten Kamelreiterei rennen die ganz Griechenland über den Haufen, weil die Kamele viel höher sind als die griechischen Pferde. Das begreift doch jeder Mensch.

IRIS Aber morgen bist du wieder da?

TIPHYS Schon um sechse. Ich sehne mich doch nach meiner Braut. Bin doch ein Mann. Was sagst du nun, meine Dicke?

IRIS Dann nimm mich mit, Tiphyschen! Jetzt, wo doch
so ein runder Mond über das Meer schwimmt.

TIPHYS Da sitze ich ohne Wind mitten im Roten Meer.
Mitkommen will sie! Ätna und Stromboli! So eine
Braut klebt wie Pech. Da kommt mir zum Glück die
Geschichte mit dem verfluchten Eselschatten in den
Sinn. Versuchen wir mal dieses Mittel. Windstoß und
Taifun, wenn das nicht hilft, bin ich so gut wie verhei-
ratet. Höre, liebe Dicke, sage ich, du mußt mir einen
Gefallen tun, mir und meinem Bruder Mastax, der
doch die Putzmacherin heiraten will, und ich erzähle
ihr aus purer Verzweiflung die ganze, verdammte Ge-
schichte.

IRIS Was für ein gutes Herz doch mein Tiphyschen hat.
Der arme Eseltreiber. Sofort werde ich das der Telesia
erzählen, die hat doch auch so ein Herz für Armut und
so. Schon stehe ich wieder auf dem Quai. Und er,
mein Schatz, breitbeinig auf der Kommandobrücke.
Er wankt hin und her vor Schmerz, daß er fort muß,
und die Masten voll Matrosen!

TIPHYS *singend*

Ein Opfer sein von meinen Listen –
Auf diese Ehr ist jeder stolz.
Das Gold häuft sich in meinen Kisten
Und Weiber waren nie aus Holz.

IRIS Tiphyschen, mein Tiphyschen! Da fährst du in deinen gelben, runden Mond hinein, das ganze Schiff, ein
dunkler Schatten. Aber morgen kommt er wieder. Um
sechs!

TIPHYS *von ferne*

Und Weiber waren nie aus Holz!

IRIS Nun ist das Schiff verschwunden, wie immer.

Tiphyschen, mein Tiphyschen, da stehe ich allein am
Quai wie immer. Nur noch Sterne sind da und die
Wellen plätschern. Auch wie immer. *Man hört die
Wellen.* Mein Gott! Da habe ich ja ganz meine Tänze-
rin vergessen, die heute zum Oberpriester geht und
vorher ein Bad nimmt in der neuen Marmorbadewanne
aus Korinth! Oh, Tiphyschen, ich will noch diese
Nacht dem Anthrax helfen und morgen bin ich deine
Frau, wenn du mit den Kamelen kommst von Xanthia
auf deinem Schiff!

Man hört ihre Schritte davoneilen.
Das Plätschern einer Badewanne.

TELESIA Da bist du ja endlich, Iris. Du siehst, ich liege
schon im Bade, in meiner korinthischen Wanne aus
schwarzem Marmor. Wie einen das erfrischt in diesem
fürchterlichen Klima! Diese Hitze! Gieße doch noch
zwei Flaschen Eselmilch hinzu. So ist's gut. Und
Mandelkleie und Bohnenmehl. Bereite dann die
Schminke. Nimm heute zerstoßenen Krokodilmist,
gemischt mit Bleiweiß, Erde aus Chios und einer
Portion Speichel. Hoffentlich hast du keine Zwiebel
zum Abendbrot gegessen! Dieses Thrazien verdirbt
noch meinen Teint. Im Herbst kehre ich nach Milet
zurück. Der Winter soll ja in Abdera enorm kalt sein.
Und überall Mücken. Verstehe ich nicht, wo es doch
überall Frösche gibt. Ich steige nun aus dem Bade, Iris.
Reich mir das Handtuch. Gib mir den ägyptischen
Haarschmuck, mein Oberpriesterchen hat das gern,
die kretischen Spangen und das durchsichtige Kleid aus
Kos. Nun die Schminke und das Parfüm. Und jetzt

erzähl mir etwas vom Volk, Iris, während ich mich schmücke, du weißt, ich liebe das Volk.

IRIS Da ist doch eben die Geschichte mit dem Eseltreiber Anthrax passiert, gnädige Frau.

TELESIA Ein Eseltreiber? Entzückend! Ich liebe die Eseltreiber. Sie schreiten stolz neben ihren Eseln, singen ihre Lieder und sind arm, aber glücklich. Die Armen sind immer glücklich, Iris, sie haben eben keine Sorgen. Was hat der gute Mann? Einen Prozeß? Weil sich der Zahnarzt in den Schatten seines Esels setzte? Ich erzähl es meinem Oberpriesterchen. Der liebt doch auch so das Volk. Noch diese Nacht erzähl ich ihm die Geschichte; wenn ich die langweiligen Götterstatuen darstellen muß. Das Oberpriesterchen wird vor mir auf seinem weichen Kissen sitzen, und seine Augen werden sich mit Tränen füllen, wenn ich ihm erzähle und dabei, beim langgezogenen Klang lydischer Flöten, bald das eine Bein in die Höhe hebe und bald das andere. Draußen vor dem offenen Fenster fächert der Wind die Zypressen und vom nahen Tempelteiche quaken wie gewohnt die heiligen Frösche –

Man hört die Frösche und die lydischen Flöten.

STROBYLUS Eine rührende Geschichte, Telesia, die ich da vernehme, während du die Persephone des Praxiteles darstellst. Und nun die Nike des Myron: Die linke Hand auf die rechte Brust, das linke Bein leicht nach hinten geschwungen – Augezeichnet! Das rechte Knie noch etwas straffer, und versuche auf der Fußspitze zu stehen: Das ungemein Schwebende des Originals wird so besser getroffen.

TELESIA *seufzend vor Anstrengung* Ist es so richtig?

STROBYLUS Vortrefflich. Aber jetzt muß ich meine Studien unbedingt auch auf den Kult der Aphrodite ausdehnen. Vielleicht fangen wir am besten mit jener Statue des Phidias an, wo die Liebesgöttin, auf dem Schoße Jupiters sitzend, dessen Bart streichelt.

TELESIA Aber wir haben ja gar keinen Jupiter, Strobylus.

STROBYLUS Das macht nichts. Ich kann den Jupiter zur Not selber darstellen, ich darf als Forscher doch wohl vor nichts zurückschrecken.

TELESIA *schmeichelnd* Und wirst du dem Anthrax helfen, dem Eseltreiber, mein Oberpriesterchen?

STROBYLUS Ich lasse doch einen Angehörigen meines Tempelbezirks nicht im Stich. Gegen den Zahnarzt Struthion führt er Prozeß? Ich habe diesen Zahnarzt aus Megara schon lange im Auge. Seit uralten Zeiten ließ sich jeder mit Zahnschmerzen behaftete Abderit im Latonatempel heilen. Man opferte der Göttin zwei Hühner und wurde gesund, und jetzt kommt dieser Zahnarzt gelaufen mit seinem wissenschaftlichen Hokuspokus. Gewiß, die Göttin hat nicht immer geholfen, aber muß man denn da gleich eine rationalistische Heilmethode anwenden, man könnte doch schließlich auch einmal drei Hühner opfern, statt zwei, da hilft die Göttin sicher. Was geben denn diese Fortschritte dem Volk an Stelle eines einfachen gesunden Glaubens, den wir alle so bitter nötig haben? Den Zweifel, ja noch mehr: Die Verzweiflung. Das ist der Abgrund, in den der Fortschritt unser armes Volk zu stürzen versucht. Jetzt gilt es endlich einmal ein Exempel zu statuieren. Der Zahnarzt soll das ganze Gewicht meiner Macht zu spüren bekommen! Morgen tritt der parlamentarische Ausschuß für Kultusfragen zusammen, da rede ich mit einigen, den Angelegenheiten des Latonatempels stets gewogenen Richtern. Der Zahnarzt ist verloren. Aber wenden wir uns nun der Darstellung der Aphrodite zu, geliebte Tochter. Lauter, ihr Flöten!

ERZPRIESTER AGATHYRSUS *in die Flöten hinein* Nein, Oberpriester Strobylus, der Zahnarzt Struthion ist nicht verloren, und wäre der Eseltreiber Anthrax Ihr eigener Sohn! Verzeihen Sie mir, meine Damen und Herren, daß ich vielleicht etwas eigenmächtig die Worte des sicher sehr ehrenwerten Oberpriesters unterbreche, aber als Erzpriester Agathyrsus vom Jasontempel muß ich dem Priester der Latona wohl oder übel die Worte entgegenschleudern: Wir haben heute nicht einen Glauben an Frösche und Göttergeschichten nötig, wir brauchen dringend einen neuen Glauben an den Menschen! Heißt es aber an den Menschen glauben, wenn man ihm einen Esel vorzieht, wenn ein Mensch, meine Geliebten, ein Mensch der glühenden Sonne ausgesetzt werden soll und nicht ein Esel? Wir stehen allerdings vor einem Abgrund, Herr Strobylus, aber es ist der Abgrund eines Konservativismus um jeden Preis. Mit der Anbetung eines Esels hat es noch immer angefangen und mit Massenmord aufgehört, wir kennen die Symptome. Um das, Oberpriester Strobylus, geht es in diesem Prozeß, über dessen Tatbestand mich gestern zu nächtlicher Stunde in liebenswürdigster Weise Frau Chloe Struthion aufgeklärt hat: um die Frage, was wichtiger ist, der Glaube an den Menschen oder der Glaube an Frösche und Esel! Sie haben recht: Morgen tritt der parlamentarische Ausschuß für Kultusfragen zusammen, aber auch ich kenne Richter in Abdera. Wir werden sehen, Herr Strobylus, wir werden sehen! PHILIPPIDES Ich, der Stadtrichter Philippides, habe es auch gesehen. Leider. Das Resultat war niederschmetternd! Oberpriester sollten sich nicht in so lächerliche Angelegenheiten mischen, wo doch der Friede das Höchste ist. Oberpriester gehen gleich aufs Prinzipielle, und das ist nicht gut, wenn es um eine Eselei geht. Statt den beiden den Unfug, über eines Esels Schatten zu prozessieren, energisch auszutreiben, trieb man den noch größeren Unfug, aus diesem Prozeß eine Angelegenheit der Philosophie, der Ideale und weiß Gott was für heiliger Güter zu machen. Die Sitzung des Zehnergerichts in der Sache Struthion-Anthrax war denn auch eine Katastrophe. Es ist mir gleich vorgekommen, es sei etwas nicht in Ordnung, als ich die Sitzung eröffnete und dem Assessor Miltias das Wort erteilte. Na, alter Philippides, denke ich, was ist denn da los, sonst stehen doch die Richter herum und kümmern sich überhaupt nicht um den Antrag des Assessors, stimmen ihm auch ohne weiteres zu, und erledigt ist Gott sei Dank die Sache. Auf diese Weise sind wir doch bis jetzt in Abdera noch immer zu gerechten Urteilen gekommen. Na, denke ich, weiß der Teufel, heute sitzen die zehn Richter mit grimmigen Gesichtern dabei und gehen nicht einmal in die Kantine heiße Bratwürstchen und Kuchen essen, da stimmt was nicht. Da wird es heute schlimm um die Gerechtigkeit stehen. Es wird mir immer unheimlicher, je länger die Rede dauert, bald klatschen einige Beifall, bald pfeifen andere Richter, ich habe einen solchen Eifer noch nie erlebt.

ERREGTES GESCHREI Aufhören! Weiter! Schluß! Weiter! Weiter!

PHILIPPIDES *schwingt die Glocke* Ruhe! Ich bitte Assessor Miltias nicht zu unterbrechen.

MILTIAS Daraus aber folgt, geehrte und gewählte Richter der Stadt Abdera: Daß der Schatten aller Esel in Thrazien, folglich auch derjenige, der zu vorliegendem Rechtshandel unmittelbar Anlaß gegeben, ebenso wenig einen Teil des Eigentums einer einzelnen Person ausmachen kann als der Schatten des Berges Athos oder des Stadtturms von Abdera, oder die Luft, die wir alle atmen, weiter, daß folglich mehrbesagter Schatten weder geerbt noch gekauft, noch geschenkt, noch vermietet, noch auf irgendeine andere Art zum Gegenstand eines bürgerlichen Kontrakts gemacht werden kann, und daß also aus diesen und anderen ausgeführten Gründen die Klage des Eseltreibers Anthrax gegen den Zahnarzt Struthion abzuweisen ist!

Geschrei.

ERSTER RICHTER Unerhört!

ZWEITER RICHTER Dann gibt es keine Gerechtigkeit in Abdera mehr!

DRITTER RICHTER Hoch Miltias!

VIERTER RICHTER Nieder mit dem Eseltreiber!

FÜNFTER RICHTER Skandal!

PHILIPPIDES *schwingt die Glocke* Ruhe! Ich bitte das Zehnergericht um Ruhe. Wir schreiten zur Abstimmung: Wer dem Antrag des Assessors Miltias zustimmt, hebe die Hand. Fünf Richter haben ihm zugestimmt.

ZWEITER RICHTER Fünf sind dagegen!

Geschrei.

POLYPHONUS Ich verlange das Wort!

Geschrei.

PHILIPPIDES *schwingt die Glocke* Ruhe! Der Advokat
Polyphonus hat das Wort.

POLYPHONUS Hochzuverehrendes Zehnergericht der
Stadt Abdera. Fünf deiner Richter haben dem unge-
heuerlichsten Antrag zugestimmt, der je vor einem
Gerichtshof gestellt worden ist. Wagte man es je, so
die Unschuld, so die Tugend, so die Armut, so den
einfachsten Menschenverstand, den geraden Sinn für
Recht und Unrecht zu verhöhnen? Ist je ein Urteil
beantragt worden, das die Menschheit ein für allemal
zu vernichten trachtet? Denn es ist klar: Wenn in
dieser Stadt nicht einmal eines Esels Schatten vermiet-
bar ist, fällt die ganze Privatwirtschaft, in ihren Wur-
zeln untergraben, in sich zusammen, und wir müssen
wieder da anfangen, wo die Höhlenbewohner aufgehört haben.

PHILIPPIDES *mit der Glocke* Zur Sache!

POLYPHONUS Ich komme zur Sache. Was ist der schamlo-
se Grund, der Miltias bewog, der Gerechtigkeit, der
öffentlichen Meinung, der heldenhaften Geschichte
unserer Stadt Hohn zu sprechen, ja unseren höchsten
Idealen?

PHILIPPIDES *mit der Glocke* Zur Sache!

POLYPHONUS Ich frage: Miltias, Sohn eines alten
Geschlechts, wozu, antworte mir, besuchte dich vorgestern in der Nacht zwischen elf und eins die Gattin
des Zahnarztes Struthion, Chloe?

Bewegung.

POLYPHONUS Ihr seht, o Väter, Miltias erröten und den
Zahnarzt sein Gesicht verhüllen. O Zeiten, o Sitten!
Aber wie soll der Patrizier Miltias tugendhaft sein,
wenn selbst die Spitze Abderas, die Krone seines Gei-
stes, der Inbegriff seiner Tradition, einem lasterhaften,
eheschänderischen Lebenswandel frönt? Ich spreche
vom Erzpriester Agathyrsus, ehrwürdige Richter!
ERSTER RICHTER Hört! Hört!
DRITTER RICHTER Schluß!
ZWEITER RICHTER Weiter!
VIERTER RICHTER Beleidigung!

Die Glocke des Philippides stellt die Ruhe wieder her.

POLYPHONUS Ich stelle fest, die fünf Richter, welche dem
verbrecherischen Antrag des Miltias zugestimmt haben, sind Anhänger des Erzpriesters Agathyrsus. Sie
sind mit ihm letzten Montag, anläßlich einer Sitzung
des parlamentarischen Ausschusses für Kultusfragen,
zusammengetroffen. Zeugen sind vorhanden, die fest-
stellten und jederzeit mit den feurigsten Eiden auf die
heiligen Frösche zu bestätigen bereit sind, daß diese
fünf Richter sich mit dem Erzpriester Agathyrsus in
ein Sonderkabinett zurückzogen. Warum mit dem
Erzpriester diese geheimnisvolle Beratung? Gibt es
eine Beziehung zwischen Agathyrsus und dem Zahnarzt Struthion? Es gibt diese Beziehung!

Bewegung.

POLYPHONUS Erbleiche, Republik Abdera! Die Mörder

stehen mit gezückten Dolchen hinter dir! Der erste deines Adels, der erste deiner Priester, samt fünf deiner Richter, sind mit einem zahnzieherischen Ausländer aus Megara einen Pakt eingegangen, der sich nur gegen dein Leben richten kann!

PHILIPPIDES *mit der Glocke* Zur Sache!

POLYPHONUS Ich komme zur Sache, Richter Philippides: Denn, Chloe Struthion, sich somit als eine der verhängnisvollsten Verführerinnen unserer Geschichte enthüllend, eine zweite Medea gleichsam, ging zwei Tage vorher, in einer Samstagnacht, ebenfalls zwischen elf und ein Uhr, zu ungewöhnlicher Zeit also, in den Jasontempel. Wen traf sie dort, Erzpriester Agathyrsus? Das Volk Abderas hat ein Recht auf eine Antwort!

STRUTHION Nein! Nein! Lüge! Alles Lüge!

PHILIPPIDES Ruhe! Gerichtsdiener, halte den Zahnarzt Struthion zurück!

PHYSIGNATUS Meine Herren!

PHILIPPIDES *schwingt die Glocke* Ruhe! Der Advokat Physignatus verlangt das Wort.

PHYSIGNATUS Hochansehnliches Gericht. Tollkühn, ihr Richter, ist es, an dieser Stelle, in diesem alten, ruhmbedeckten Gerichtsgebäude, angesichts der Statue der Gerechtigkeit, der wir alle dienen, überhaupt noch ein Wort zu sprechen, zu reden und nicht zu handeln. Eilt, ehrwürdige Richter, eilt, holt den Erzpriester Agathyrsus herbei mit seine ganzen Priesterschar, mit allen seinen heiligen Jungfrauen, eilt, bittet ihn auf den Knien, zu kommen, damit er dieses von Polyphonus so schändlich besudelte Gebäude wieder reinigt!

Bewegung.

PHYSIGNATUS Meine Richter, ehrwürdige Väter! Was ist das Entsetzliche, das uns erschauern läßt, das alle zivilisierten Menschen zwingt, sich grauenerfüllt von dieser Stadt abzuwenden? Chloe Struthion, eine unserer ehrbaren, züchtigen Hausfrauen, vermählt mit dem Zahnarzt Struthion, der ersten Kapazität in der Zahnheilkunde Thraziens, Tochter des Obersten Stilbon, ging vorgestern nacht zwischen elf und ein Uhr zu Miltias. Gut, das ist eine Tatsache. Ferner stellte Polyphonus in seinem Eifer fest, daß ebendieselbe Frau, deren Mann ihr hier nun zusammengebrochen auf seinem Platze sitzen seht, auch den Erzpriester Agathyrsus in der Nacht besuchte. Gewiß, zu ungewöhnlicher Stunde, aber bei der Heiligkeit unserer Ideale –

PHILIPPIDES Zur Sache!

PHYSIGNATUS Darf man denn die Schlüsse ziehen, die Polyphonus zieht? Nein! Sind unsere Mütter, unsere Gattinnen, unsere Töchter nicht über jeden, ich sage, jeden Verdacht erhaben, auch wenn sie zu einer noch späteren Stunde zum Erzpriester gehen? Abdera stürzt in sich zusammen, ehrwürdige Väter, wenn wir die Reinheit, die Unantastbarkeit unserer Ehefrauen in Zweifel ziehen. Wen wird Polyphonus noch verdächtigen, wenn wir ihn gewähren lassen? Wen wird er noch in den Schmutz der Straße ziehen? Uns alle! – Polyphonus hat festgestellt, daß am Montag die Sitzung des Kultusausschusses stattfand. Aber nicht nur Agathyrsus war zugegen, ehrwürdige Väter, sondern auch der Oberpriester der Latona, Strobylus. Es ist erwiesen, daß er sich mit jenen fünf Richtern, die für den Eseltreiber stimmten, ebenfalls in ein Seitenkabinett zurückzog. Was hat nun der Oberpriester der

Latona mit einem ewig betrunkenen Eseltreiber zu
schaffen, mit einem Eseltreiber –

ERSTER RICHTER Er trinkt nicht mehr!

PHILIPPIDES Ruhe! *Er läutet mit der Glocke.*

PHYSIGNATUS Er trank und wird wieder trinken. Wir
lassen uns auf diese Advokatenkomödie eines plötzlich
tugendhaften Säufers gar nicht ein. Nichts kann uns
hindern, zu fragen: Mit wem verkehrt Strobylus? Wer
geht mitternachts zu ihm? Wen sehen die empörten
Bürger im erleuchteten Fenster seines Arbeitszimmers,
leichtbekleidet Pantomimen darstellend? Die Tänzerin
Telesia aus Milet!

Bewegung.

PHYSIGNATUS Was hat diese, von einem megärischen Vor-
stadtkabarett zur Solotänzerin unseres Stadttheaters
avancierte Person mit dem nach Knoblauch stinkenden
Eseltreiber Anthrax zu tun, forschen wir weiter, Glied
um Glied einer verhängnisvollen, schauerlichen Kette
aufdeckend. Telesias Dienstmädchen ist mit einem Kapitän verlobt, dessen Bruder, ein Waffenschmied, in
dunkle Affären mit barbarischen Völkerstämmen ver-
wickelt, eine Putzmacherin verehrt, die – damit ist
über diese Frauensperson wohl genügend angedeutet –
als beste Freundin jenes ewig verprügelten Geschöpfes
gilt, das als Gattin des Eseltreibers Anthrax dessen
Kellerhöhle bewohnt.

ERSTER RICHTER Er prügelt nicht mehr!

PHYSIGNATUS Er wird wieder prügeln. Nein, auch die
scheinbare moralische Besserung eines brutalen Freige-
lassenen hindert uns nicht, den Oberpriester der

Latona zu fragen: Wagen Sie diese Zusammenhänge zu bestreiten, Herr Strobylus?

ERSTER RICHTER Skandal!

ZWEITER RICHTER Verleumdung!

DRITTER RICHTER Nieder mit den Konservativen der Latonahochburg!

VIERTER RICHTER Es lebe Agathyrsus!

Riesengeschrei, Glockengeläute, immer größeres Getümmel.
Totenstille.

PHILIPPIDES Ich, Philippides, habe es geahnt. Man blieb nicht bei der Sache. Die Ideale sind gekommen. Die Prügelei war ungeheuer. Der Eseltreiber verprügelte den Zahnarzt, der Zahnarzt den Assessor, der Assessor Polyphonus, Polyphonus Physignatus, und Physignatus stülpte mir die Glocke über den Kopf, weil ich den Prozeß dem Senat überwies. Die Gerichtsdiener verprügelten den Eseltreiber, und die zehn Richter prügelten alles, was ihnen unter die Fäuste kam, und wurden von allen verprügelt! Endlich wankte jeder blutüberströmt nach Hause, ich in meine Kammer, die Richter in die Stadt, der Eseltreiber mit Polyphonus nach der Jasonstraße und der Zahnarzt Struthion mit Physignatus ins Villenviertel.

STRUTHION Der verfluchte Direktor der Sklavenimportgesellschaft zu Gerania! Was hab ich jetzt davon, daß ihm der Weisheitszahn schmerzte! Die Hälfte meiner Kundschaft ist davongelaufen! Schon hat ein Zahntechniker aus Byzanz, ein ungebildeter Kerl, der nicht einmal ein reines Griechisch spricht, in der Storchengasse einen Laden aufgemacht, mit einem lebenden Frosch über dem Operationsstuhl! Und was ich von meiner Frau vernehme! Die Höhe, Herr Physignatus, die Höhe! Um zwölf im Jasontempel! Ich muß mich scheiden lassen, ich habe da meine Prinzipien! Am liebsten gäbe ich den Prozeß auf!

PHYSIGNATUS Herr Zahnarzt Struthion! Die ganze Stadt blickt nun auf Sie! Ganz Thrazien spricht von Ihnen! Wollen Sie in diesem historischen Augenblick versagen? Ihre Frau haben Sie verloren. Gewiß. Ihre halbe Praxis haben Sie drangeben müssen. Auch wahr. Aber es geht jetzt um Höheres, Herr Zahnarzt, es geht jetzt um die Ideale, um die Menschlichkeit! Noch einmal vierzig Drachmen an meine Spesen frisch gewagt, und die Gegenpartei ist zerschmettert!

POLYPHONUS Es ist deine heilige Pflicht als Proletarier und als Vertreter der arbeitenden Klassen, gegen das Unrecht zu kämpfen, das man nicht nur dir, sondern jedem Eseltreiber überhaupt angetan hat, lieber Anthrax. Mann! Deine Chancen stehen ja großartig! Noch einmal vier Drachmen, und der Zahnarzt ist besiegt.

ANTHRAX Aber ich habe ja nun kein Geld mehr, Herr Fürsprecher, jetzt, wo doch der Esel eingestellt, die Möbel und die Betten versetzt und auch die Tochter, Sie wissen, die kleine Gorgo, dem Rentner Pamphus als Sklavin verkauft ist –

POLYPHONUS Wenn du kurz vor dem Ziel aufgeben willst, lieber Anthrax, kurz vor der Errichtung einer gutgehenden Eseltreiberei –

ANTHRAX Werd ja schon, gnädiger Herr, werd ja schon.

POLYPHONUS Siehst du, Mann, du bist ganz vernünftig.

Das Geld muß ich bis morgen haben. Und jetzt wollen wir mal den Prozeß zum glorreichen Ende führen. Da ist ja schon die Apollogasse, lieber Mann, ich muß da einbiegen, halte dich wacker und brav, ich muß jetzt einbiegen. Verflucht, meine Nase!

ANTHRAX Da geht er. Zum Rentner Pamphus. Und ich trotte die Jasonstraße hinunter. Vier Drachmen will er noch, vier hat er schon. Bleiben mir nur noch vier, aber das ist wenigstens noch ein Esel. Ich muß hineinbeißen, schon wegen der acht Drachmen, die ich jetzt verloren habe. Die Frau muß dran, die Krobyle, der Weinhändler Korax nimmt sie schon. Es geht nicht anders, Anthrax. Schneuze dich, hast schon schwerere Zeiten durchgemacht damals in der Hungersnot. Da steht der Leonidas wieder vor seiner Schenke. Grüßt nicht einmal mehr. Weil ich nicht mehr trinke. Kann doch nichts dafür mit meiner Tugend und wo ich doch jetzt das Volk bin. Und hier ist auch mein Kellerloch. Nasse Wäsche ist nicht mehr davor, wir haben keine mehr. Grüß dich, Krobyle, mein Weib.

KROBYLE Der Hirsebrei ist fertig. Knoblauch haben wir keinen mehr, Mann.

ANTHRAX Knoblauch haben wir auch keinen mehr. Ich löffle den Brei hinunter. Ich schneuze. Frau, sage ich, es sind schlechte Zeiten. Sie brummt, die Alte, steht am Herd, wie sie das immer tut, und schaut mich an. Frau, sag ich, der Polyphonus muß noch einmal vier Drachmen haben.

KROBYLE Wir haben nichts, Mann.

ANTHRAX Ich löffle wieder. Dann schneuze ich wieder. Krobyle, sag ich, es geht nicht anders. Ich muß den Prozeß gewinnen wegen der Schulden. Die Tochter haben wir auch verkauft, sagt sie. Ja, sag ich, das ist nicht zu ändern. So ein Advokat will eben auch leben. Die leben gut, sagt sie. Ich löffle, noch einmal schneuzen hat keinen Sinn, ich muß raus mit der Sprache. Ich sage: Ich habe mit dem Weinhändler Korax gesprochen. Ein guter Platz für dich. Er gibt mir fünf Drachmen. Wirst es nicht streng haben. Mußt nur kochen. Er ist gutmütig, der Korax, und hat's auf dem Herz, da kann er nicht mehr prügeln und so. Ein guter Platz. Sie sagt nichts. Guckt nur in die Ecke. Bist ein braves Weib gewesen, sag ich, ein gutes, braves Weib, der Hirsebrei war immer gut, muß ich sagen, und der Knoblauch darin prima. Sie senkt den Kopf. Na, Alte, sag schon was.

KROBYLE Wann kann ich eintreten beim Korax?

ANTHRAX Schon jetzt. Wann du willst. Sie sagt wieder nichts. Sie packt nur ihre Sachen zusammen. Ein Kopftuch, das sie von der Mutter her hat. Das Bild der Artemis über dem Bett. Die Sonntagssandalen. Das Gemälde, wo wir am Hochzeitstag vor dem Latonatempel sitzen und das der Maler Bellerophon gemacht hat, läßt sie stehen.

KROBYLE Adies denn, Anthrax.

ANTHRAX Adies denn nu, Krobyle. Bist ein gutes Weib gewesen, eine brave Gattin. Sie geht hinaus. Durchs Kellerloch. Und in der Ecke raschelt eine Ratte. Immer wenn Krobyle weggeht, kommen die Ratten. Kann schön werden. Da ist noch ein Rest Hirsebrei. Löffle weiter. Meine Augen sind ganz naß. Schneuze mich mal wieder. Nicht einmal ein Pflaumenschnäpschen kann ich mir jetzt gönnen. Das ist das Elend, Anthrax, das pure, nackte Elend! Wenn ich den Pro-

zeß gewinne, kaufe ich mir die Krobyle wieder zurück, statt einen zweiten Esel. Jetzt ist auch eine
zweite Ratte da. Raus aus dem Keller. Da steh ich
wieder auf der Jasonstraße, auf der hab ich jetzt mein
ganzes Leben gestanden. Jasonstraße, nichts als Jasonstraße. Alles voll Menschen. Alles wirr durcheinander.
Der Marktplatz voll, der Latonaplatz voll, die Schen-
ken voll. Reden, nichts als Reden, was ist denn nu in
Abdera gefahren? Und überall höre ich meinen Namen, und überall klatscht man und überall pfeift man,
und überall prügelt man sich? Was ist denn nu in
Abdera gefahren?

Volksgemurmel.

DER VORSITZENDE DES FREMDENVERKEHRSVEREINS ABDERA
Es geht in diesem Prozeß um mehr, es geht um den
Fremdenverkehr! Denn was, Freunde und Freundinnen des abderitischen Fremdenverkehrsvereins, ist der
Grund, warum Fremde unsere Stadt meiden und sich
nach Xanthia begeben, nach einer Stadt, die hinsicht-
lich thrazischer Naturschönheiten so überaus ärmer als
die unsere ist und weder ein Theater noch ein Volks-
kundliches Museum, ja nicht einmal eine öffentliche
Anstalt besitzt? Die Frösche des Oberpriesters der
Latona, die überall bei uns herumhüpfen, auf dem
Forum, auf dem Marktplatz und im Stadtpark, und
durch ihren schauererregenden Anblick die Fremden
verscheuchen, sowie die Frechheit unserer Eseltreiber,
die sogar für einen bloßen Schatten Geld verlangen. Es
gibt, angesichts der uns allen drohenden Gefahr, nur
eins, Freunde und Freundinnen des Fremdenver-
kehrs ... *Ausblenden.*

DER VORSITZENDE DES TIERSCHUTZVEREINS ABDERAS　Abderiten und Abderitinnen! Der Prozeß hat uns endgültig die Augen darüber geöffnet, was auf dem Spiele steht: Die Menschlichkeit! Als Vorsitzender des Tierschutzvereins protestiere ich gegen die grausame Behandlung eines Esels, die ausgerechnet ein Zahnarzt begangen hat, dessen Bestialität beim Zahnziehen wir ja genügend kennen! Was dieser Unmensch mit einer schwachen, hilflosen Kreatur trieb, läßt sich kaum beschreiben! Nicht nur, daß er sich in den Schatten des unschuldigen Esels setzte, nein, nicht genug, er ritt sogar auf dem Esel, anstatt, wie dies jeder fortschrittliche Tierfreund tut, neben ihm zu gehen. Ich fordere daher jeden tierliebenden Abderiten auf –

DER DIREKTOR DER MARMOR AG.　Nein, man kann uns nicht täuschen. Mit der Lehmbauerei ist es endgültig vorbei, der Marmor wird auch in Thrazien seinen Siegeslauf fortsetzen! Der Schlag gegen den Zahnarzt Struthion trifft die Hygiene mitten ins Gesicht, er trifft somit auch uns, die Marmor AG., denn wer mit Marmor baut, baut hygienisch!

EIN AGITATOR DER MAZEDONISCHEN ARBEITERPARTEI　Der Aristokratie und der athenischen Hochfinanz wird es nicht gelingen, dem arbeitenden Volk einen blauen Dunst vorzumachen, und die Börsenschieber werden sich an den schweißbedeckten Fäusten des Proletariats jene Zähne ausbrechen, die ihnen der Zahnarzt flickt. Daß sich dieser griechische Salondemokrat auf einen Esel setzte, beweist, wen er damit meint: Uns! Das Proletariat soll wieder einmal provoziert werden, und es ist provoziert!

Geschrei.

SENATSPRÄSIDENT HYPSIBOAS Es geht darum, aus Abdera endlich einmal eine Stadt zu machen, die auf der Höhe der heutigen Zivilisation steht. Es geht darum, ob Abdera mit der Entwicklung Griechenlands Schritt halten oder, wie Thrazien, endgültig in die Finsternis der ersten Zeiten zurücksinken muß, umgürtet von den Schwären seiner Sümpfe, umquakt von seinen Fröschen, eingehüllt in den Knoblauchodem seiner Eseltreiber! Werfen wir die letzten Reste der Barbarei von uns! Zertreten wir den Unfug des Aberglaubens! Solange jedoch so unverschämte Kerle wie dieser Eseltreiber ihre Lästerungen auf die Zivilisation unter den Augen der Behörden ungestraft weitertreiben dürfen, ist dies gewiß nicht möglich! Die Zeit eilt, Abderiten! Wir leben in der entscheidendsten Epoche der Weltgeschichte! Mitten in der Auseinandersetzung zwischen Athen und Sparta! Zwischen dem Geist und dem Materialismus, zwischen der Freiheit und der Sklaverei! Schließen wir uns denn zusammen! Verteidigen wir die Freiheit gemeinsam in der Partei, deren Gründung ich hier ausrufe, in der Partei, die sich um den Zahnarzt Struthion schart, in der Partei der Schatten!

GESCHREI Hoch Hypsiboas, hoch die Schatten!

ZUNFTMEISTER PFRIEME Man höhnt unsere Sümpfe, unsere Frösche, unseren Knoblauch und meint damit das Volk, man rühmt die Vernunft, die Zivilisation und meint damit ein willkürliches Leben ohne Bindung an die Sittlichkeit! Griechenland ist groß, gewiß, aber Thrazien ist größer, denn die Heimat ist immer am größten. So schließt euch denn zusammen, Thrazier, in der Partei der Esel, in der Partei, die aus diesem Prozeß die Lehre zieht, die zu ziehen ist: Nieder mit den Feinden Thraziens, die auch die Feinde Abderas sind, nieder mit den pangriechischen Liberalen!

GESCHREI Hoch Pfrieme, hoch die Esel! *Ausblenden.*

THYKIDIDES, DIREKTOR DER WAFFEN AG THYKIDIDES Schreib, Pamphagus: Mit größter Anteilnahme verfolgen wir den mutigen Kampf Ihrer Partei. Wir teilen voll und ganz Ihre Ansicht, daß der Friede das höchste Gut ist, doch muß man bei der verbrecherischen Absicht der Gegenpartei auf das Schlimmste gefaßt sein. Die Thykidides Waffen AG in Korinth bietet Ihnen deshalb ihre Hilfe im Kampf um die höchsten Ideale und um den Frieden an und offeriert Ihnen prima Schwerter erster Qualität, besonders für Bürgerkriege und Straßenschlachten geeignet, zu den untenstehenden Extrapreisen. Ebenfalls bitten wir, unsere Spezial-Wurfspeere Marke Pax zu beachten, Kämpfer beider Parteien in Sizilien haben sich äußerst lobend geäußert. Die Libanonzedernschilde, mit Wildeselhaut überspannt, sind wieder in größeren Mengen lieferbar. Ihrer geschätzten Antwort entgegensehend Ihre Thykidides Waffen AG Korinth. Verfertige zwei Abschriften, Pamphagus, und schicke jeder Partei Abderas je ein Exemplar zu.

TIPHYS *grölend*

Der große Zeus auf seinem Throne
Vergeblich seine Blitze schickt
Damit er euch vor mir verschone
Der alte Herr ist ungeschickt.

Zu schnell durchpflügt mein Schiff die Meere
Und ist stets allen Küsten nah.
Die Götter nicht und nicht die Speere
Sind euch zu helfen vor mir da.

Da steh ich wieder auf meiner Brücke mit meinem
Schnaps im Leib und den Sternen in meinem Haar, mit
dem Mond auf den Schultern und Tang und Öl an
meinen Lumpen, umspült vom Gischt der Güsse!
Heda, Steuermann, heda, Lotse! Land! Eine Wand aus
Elfenbein, die sich aus dem Dunkel heranschiebt!
Land, ihr Kerls, irgendeine Küste, irgendeine Stadt,
die gierig nach unseren Küssen, nach unseren Messern
ihre fetten Arme nach uns streckt. Wollen sehn, was es
da für Geschäfte gibt!

DER ERSTE MANN Kapitän Tiphys!

TIPHYS Wer ruft da? Wer kommt da an Bord?

DER MANN Einer, der seinen Namen nicht nennen will.

TIPHYS Willkommen, Herr. Das liebe ich, wenn einer
seinen Namen nicht sagen will, da gibt's Geschäfte, die
sich rentieren. Was willst?

DER MANN Feuer in der Stadt.

TIPHYS Vom Kapitän Tiphys kannst du alles haben,
Freund: Weiber, einen Brand, einen Schnaps, einen
Mord. Alles zu verkaufen, bei gutem Angebot. Wie
heißt sie denn, deine Stadt?

DER MANN Abdera.

TIPHYS Abdera heißt die Stadt! Hör zu, mein Schnaps,
hör gut zu in meinem Magen: Abdera heißt die Stadt,
die Stadt meines Brüderchens! Da sind wir im Kreise
herumgefahren in unserer Tollheit, ich und mein
Schnaps, immer im Kreise herum über dem silbernen
Abgrund. Und wo willst du Feuer?

DER MANN Im Latonatempel.

TIPHYS Im Tempel der Frösche! Da werden sie zu Tausenden braten, die Viecher. Sieh mal an, mein Schnaps, da werden wir dem Himmel mit einer frommen Fackel ins Antlitz zünden. Und wozu, mein gutgekleideter Freund?

DER MANN Damit wir weiterkommen, Kapitän. Wir müssen den alten Plunder einmal hinter uns lassen und weiterkommen. Es geht um die Freiheit.

TIPHYS Hörst du, mein Schnaps, es geht um die Freiheit! Es läßt sich angenehm brandstiften, wenn's um die Freiheit geht. Zu hohen Zielen werden wir gebraucht, nicht wahr, wir zwei: Du mein Schnaps und ich. Nun, das war immer so, an jeder Küste, in jedem Hafen, bei jedem Landstrich, unter jeder Sonne! Euch ging's um die Ideale und mir um den Schnaps, um die Weiber und um das Gold. Aber die Ideale sind noch nie ohne mich ausgekommen, die höchsten Güter noch nie ohne mein Messer. Man schätzt uns, mein Schnaps, man schätzt uns. Wieviel?

DER MANN Fünfhundert Drachmen.

TIPHYS Gib her. Und was hast du da in deinem ledernen Beutel, Freund? Zeig her, ich schneide ihn dir vom Gürtel, so geht es einfacher. Ei, sieh da, Perlen!

DER MANN *ängstlich* Mein ganzes Vermögen, Kapitän. Ich trage sie immer bei mir, damit sie niemand bekommt.

TIPHYS Ein großes Vermögen. Zwanzigtausend Drachmen unter Brüdern. Weise gehandelt, das auf dir zu tragen, so bekomme ich sie. Du hast Ideale, du brauchst keine Perlen.

DER MANN Kapitän!

TIPHYS Was denn, Mann? Legst du deine Hand an den Gürtel? Ein Mann mit Idealen kämpft schlechter als einer ohne. Sieh da, das Messer, es geht mir leicht aus der Hand. Bist zu mir gekommen, Mann, nun hast du mich bekommen, den Kapitän Tiphys, dessen blutige Hände deine Gedanken ausführen. Ins Schiff mit dir, Freund, und noch diese Nacht wirst du deinen Tempel brennen sehen wie jetzt meine Trunkenheit. Ins Schiff, mein Schnapsodem bläst dich hinunter, du Narr! Auf, ihr Leute! Auf, Steuermann, auf, mein scharfsichtiger Lotse. Perlen unter euch! *Lärm balgender Männer.* So ist's schön, meine Tiere, balgt euch, ihr Hunde, beißt euch tot, ihr Schakale! Aber da kommen wieder zwei von Abdera. Prächtig gekleidet, nobel, saubere Hände. Ein alter und ein junger. Was wollt ihr?

DER ZWEITE MANN Kapitän Tiphys?

TIPHYS Er sitzt vor dir. Aber wart, Mann, ich muß wieder einmal eine Pulle Schnaps reingießen, ich sehe immer doppelt, wenn ich angenüchtert bin. Du kommst aus der Stadt Abdera, Landbewohner?

DER MANN Wohl, aus Abdera.

TIPHYS Und bist für die Ideale? Nicht wahr, für was Hohes, Geistiges?

DER MANN Ich bin für mein Vaterland.

TIPHYS Auch ein schönes Ideal. Ein gesundes Ideal. Damit läßt sich gute Geschäfte machen. An den Vaterländern verdiene ich wie Heu. Was willst? So einen soliden Mord?

DER MANN Feuer, Kapitän.

TIPHYS Feuer! Ein begehrter Artikel. Im Tempel des Jason, nicht wahr, mein Freund?

DER MANN Du hast es erraten.

TIPHYS Wieviel?

DER MANN Sechshundert Drachmen.

TIPHYS Sechshundert Drachmen. Hörst du mein Schnaps, wir steigen im Preis, man benötigt uns immer mehr. Der da, wer ist der?

DER MANN Mein Sohn. Er studiert auf der Universität.

TIPHYS Was studiert er denn, das Söhnchen? Ist ja noch blutjung.

DER MANN Die Rechte.

TIPHYS Ein braver Vater, ein fürsorglicher Vater. Weise, daß du ihn mitgenommen hast. Der Sohn muß wissen, was man mit der Linken tut, wenn er die Rechte studiert. Den Sohn behalte ich da, auf meinem Schiff, bei mir und meinem Schnaps.

DER MANN *ängstlich* Er ist mein einziger Sohn!

TIPHYS Einen umso größeren Schurken will ich aus ihm machen! Du kassierst dein Vaterland mit Feuer ein, Mann, ich setze deinen Sohn mit auf die Rechnung. Geh, ich hätte Lust, dir ein Messer in den Leib zu stoßen, aber mein Schnaps ist heute ein milder Schnaps! Es war Branntwein aus Ephesus, opfere der Diana, sie hat dich verschont. Sollst deinen Tempel lodern sehn wie altes Pergament, und ich will auf meinem Schiff zu diesem Feuer tanzen und in die Hände klatschen dabei. Ins Boot mit dir! Auf, ihr Kerle! Auf, Steuermann! Auf, Lotse! Schwimmt ans Land, das Messer zwischen den Zähnen, nackt und eingefettet, meine Haifischchen, die meine Befehle erfüllen, die das Blitzen meiner Augenwinkel in Mord umsetzen und das Runzeln meiner Brauen in Brand! Ans Land, ans Land! Zündet mir die Tempel ihrer Lügen an, als wären sie Stroh!

Feuerhorn und Glocken.

EIN WÄCHTER Feuer! Feuer, Herr Feuerwehrhauptmann Pyrops, Feuer! Der Tempel der Latona brennt!

PYROPS Was? Der Tempel der Latona? Dieser morsche Holzbau? Aus dem Bett, Frau! Reich mir den Helm, den Waffenrock und die Beinschienen! Blas weiter, Kerl, aus vollen Backen!

EIN ZWEITER WÄCHTER Der Jasontempel, Herr Pyrops, der Jasontempel brennt!

PYROPS Der auch? Blast, Kerle, blast, es ist eine Feuersbrunst, daß die Funken stieben, ein Weltuntergang, daß die Nacht zum Tage wird. Blast, blast! Die Feldweibel Polyphem und Perseus zu mir!

POLYPHEM UND PERSEUS Herr Hauptmann!

PYROPS Polyphem rennt mit der Hälfte der Mannschaft zum Jasontempel und Perseus mit der andern zur Latona.

PERSEUS Ich bin Mitglied der Schattenpartei, Herr Hauptmann. Sie können von mir nicht verlangen, daß ich meiner innersten Überzeugung entgegen einen Tempel zu retten versuche, dessen Untergang ich nur begrüße.

POLYPHEM Und ich bin ein Esel. Meine Ideale lassen die Rettung des Jasontempels nicht zu.

PYROPS Dann gehe eben jeder zu dem Tempel, den er retten will, zum Teufel. Aber eilt! Der Wind, bedenkt doch! Die ganze Stadt brennt nieder, wenn ihr jetzt nicht handelt!

DER WÄCHTER Die Altstadt brennt! Die Altstadt!

PYROPS Handelt! Ich befehle! Die Stadt brennt ja an allen Ecken!

PERSEUS Unsere Ideale, Herr, Sie müssen begreifen. Ich muß mich hier strikte an die Parole der Schattenpartei halten: Keine Hilfe den Eseln, nur ganze Hilfe den Schatten.

POLYPHEM Meine Überzeugungen, Herr Hauptmann, als fanatischer Esel kann ich wirklich keine Ausnahme machen, wenn's ums Höchste geht!

TIPHYS Sie brennt! Sie brennt! Abdera, mein fröhlicher Scheiterhaufen, Tiphys tanzt auf seiner Kommandobrücke in deinem Flammenschein! Da lodern deine Götter, deine Frösche, deine Geschäfte, deine Dummheit! Da springen sie bleich aus ihren Betten, deine Bewohner, in ihren Hemden, da schreien sie, da fluchen sie, da weinen sie, da vergessen sie ihre Ideale und ihren Prozeß! Grün scheint der Mond durch deine Glut, Abdera, und senkrecht steigt der Rauch in deinen Himmel! An Bord, an Bord, meine Wölfe, meine Luchse, meine Katzen, meine Füchse! An Bord!

IRIS *verzweifelt* Tiphys! Kapitän Tiphys!

TIPHYS Wer steht denn da am Quai? Heißa, Iris, meine Abderitenbraut, verkohlte Witwe, was schreist du nach mir? Tiphys versinkt im Meer, mit seinen Fässern voll Wein und Öl, mit seinen Perlen und Weibern, mit seinem Schnaps und mit seiner riesigen Trunkenheit, sein Schiff gleitet zurück in die Unendlichkeit des Ozeans, in die Erhabenheit der steigenden Sterne. Ich wurde der Feuerhauch, der eure Vergänglichkeit sengte, die Gerechtigkeit, die über diese Stadt kam und immer wieder kommen wird, ich wurde die Hölle eurer Taten, die ihr selbst begangen, die ihr selbst in euren Träumen herbeiwünschtet!

Nun glänzt das Meer im roten Scheine
Der Stadt, die ihr zu Asche brennt
Es bleiben Säulen, bleiben Steine
Die niemand mehr mit Namen nennt.

IRIS Tiphys, mein Tiphys!

TIPHYS

Ich treibe weg mit euren Schätzen
Und euch verschlingt Vergessenheit
Verweht sind Glück, verweht Entsetzen
Gleichgültig ist die Ewigkeit.

PHILIPPIDES Na, so ist es denn gekommen. Abdera blieb nicht bei der Sache und brannte ab. Da stehen wir in unseren Ruinen herum, Kopf an Kopf, nächtliche Gespenster unter einer grausamen Sonne, die weiterscheint, immer weiterscheint.

PELEIAS Nichts als schwarze Mauern.

KROBYLE Und die Fenster leere Höhlen.

MASTAX Die Luft immer noch voll Rauch.

TELESIA Meine korinthische Wanne ging entzwei. Sie war nicht aus Marmor. Alles Schwindel.

STROBYLUS Meine heiligen Frösche gebraten.

AGATHYRSUS Mein Tempel brennt immer noch. Bestes Zedernholz.

STRUTHION Mein Haus verbrannt, meine Praxis verloren und von meinem Weib will ich schweigen.

ANTHRAX Nicht einmal einen Keller habe ich mehr.

MASTAX Wer kommt denn da?

AGATHYRSUS Mitten auf den Marktplatz?

PELEIAS Ei, sieh doch!

STROBYLUS Der Esel! Der Esel des Anthrax!

PHILIPPIDES Aus seinem abgebrannten Stall entwichen!

MASTAX Er ist schuld!

KROBYLE Er ist der Verbrecher!

PELEIAS Der Schurke!

AGATHYRSUS Der Gauner!

STRUTHION Der Brandstifter!

ALLE Auf ihn! Auf ihn! Auf ihn!

Geschrei. Der Esel galoppiert.

ALLE Da! Da! Packt ihn! Tötet ihn! Steinigt ihn! Zerreißt
ihn!

ANTHRAX Ich will meinen Esel! Ich will meinen Esel!

ESEL Erlaubt mir, meine Damen und Herren, erlaubt
mir, bevor mich die Steine meiner Verfolger erreichen,
bevor nun ihre Messer in meinen Leib fahren und ihre
Hunde mich zerfleischen, daß ich, der Esel des Anthrax, der ich mit gesträubtem Fell angstvoll durch die
Gassen der ausgebrannten Stadt Abdera galoppiere,
immer mehr umzingelt, immer mehr verwundet, erlaubt mir, wenn es auch ungewöhnlich ist, einen Esel
reden zu hören, eine Frage an euch zu richten. Doch,
da ich ja gewissermaßen die Hauptperson dieser Erzählung bin, seid mir darob nicht böse und antwortet
mir ehrlich und mit bestem Gewissen, wie ich nun
unter den Geschossen eurer Brüder elend zu Grunde
gehe: War ich in dieser Geschichte der Esel?

Musik.

Anhang

Entwurf zum Hörspiel
›Herkules und der Stall des Augias‹

In einem plötzlichen, heftigen Drang nach Änderung der Dinge beschlossen die Elier, vermistet wie sie waren, daß nun endlich etwas geschehen müsse. Vor lauter Mist ließ sich nicht mehr leben, sie fühlten, Sauberkeit war nötig, frische Luft. Eine Ahnung von Hygiene, von frischgebohnerten Stubenböden, von leuchtend weißen Häusern ging durch das Land. Das Beste war ihnen gut genug, was zu tun sei, müsse recht getan werden, ihr Sprichwort seit je, und da Augias, mehr ihr Präsident als ihr König und der einzige, der in der großen Welt Bescheid wußte, am Fürstentag in Arkadien hatte läuten hören, der große Säuberer Griechenlands sei Herkules, schrieb man denn dem Helden, bot ein ansehnliches Honorar und die Reisespesen. Man ließ sich die Sache etwas kosten.

Zwar spürte Herkules keine Lust, den Auftrag anzunehmen, als Nationalheld, als produktive Kraft wünschte er sich mit Räubern und Drachen zu beschäftigen, nicht mit Mist, in diesem Sinne war er ja ein Säuberer, König Augias mußte das offensichtlich mißverstanden haben. Doch riet der Privatsekretär, den Auftrag anzunehmen. Der Beruf eines Nationalhelden brachte repräsentative Pflichten mit sich, eine teure Lebenshaltung, Wohnungen in den wichtigsten Hauptstädten, Sklaven, Dichter, derartige Kosten, daß Herkules, von Horden geldgieriger Gläubiger belagert, vor dem Konkurse stand. Man sei einfach nicht mehr im Stande, meinte der Privatsekretär, ein so ansehnliches Honorar, so großzügige Reisespesen abzulehnen.

So schiffte man sich denn ein, umfuhr mit dem Kursschiff nach Ithaka den Peloponnes und landete bei angenehmster Witterung an der Mündung des Peneios, entschlossen, das schmutzige Abenteuer in Angriff zu nehmen. Der Nationalheld war von wenigen begleitet, von Deianeira, die er liebte und die ihn liebte, vom Privatsekretär und einigen noch nicht verkauften Sklaven; die Dichter waren in Theben gelassen worden, mit dem Auftrag, für die Arbeit, die in Elis zu leisten war, eine möglichst poetische Version zu finden.

Die Reise ins Innere des Landes gestaltete sich schwieriger, als man dies vorher angenommen hatte. Die idyllische Küste, der blaue Spiegel des Meeres waren schon längst zurückgelassen. Waren zu Beginn nur einzelne Mistpfützen zu sehen, mehrten sie sich, wuchsen zusammen. Die Hauptstadt endlich glich einem riesenhaften Misthaufen, kaum daß hin und wieder ein Gebäude von den schwärzlichgelben Massen zu unterscheiden war, nur andeutungsweise erriet man in einigen unbestimmten Mistkonturen die Königsburg.

Der Held kam mit den Seinen in bedenklichem Zustand an; nur mit der Löwenhaut bekleidet und nicht, wie die Elier, hohe Stiefel tragend, hatte ihn die Bodenbeschaffenheit mitgenommen, doch war der Empfang freundlich, ja von Seiten der Frauenwelt begeistert, wurde doch Herkules in bestimmter Hinsicht Sagenhaftes nachgesagt, ein Ruhm, der ihm seit langem schon lästig fiel. Auch war das Festessen üppig, Schweine, Ochsen, Kälber am Spieß, Bohnen, Erbsen, Hirse, Käse, Rahm, Bier zum Trinken und Kornschnaps, in dieser Hinsicht hatte sich die Reise gelohnt. Leider störten die ausgedehnten Trinksprüche: ein sonst wortkarges Volk, redeten die Elier gern und lang bei ihren Festen. Es sprach König Augias, es sprach der Präsident des Säuberungs- und jener des Heimatkomitees, es sprach der Bauernvertreter und der Zunftmeister, es redete der Vorstand des Vereins für Kultur, es redeten weitere Vorstände, weitere Präsidenten, weitere Vertreter, weitere Abgeordnete, alle einig, Platz, Luft zu schaffen, mit dem althergebrachten Mist aufzuräumen, der alles unter sich begrub, alles verstank.

Die Zelte ließ Herkules auf einem Felsen oberhalb der Stadt aufschlagen.

Die Besichtigung des Mistes, die der Held mit König Augias am Tage nach den Empfangsfeierlichkeiten vornahm, erwies sich als eine schauerliche Fahrt über braune Meere, als eine Traversierung fürchterlicher Pässe zwischen himmelragenden Massen, umschwärmt von gewaltigen Fliegenwolken. Wieder zum Vorschein gekommen, riet Herkules, die Flüsse Alpheios und Peneios durch die Hauptstadt zu lenken und so Elis reinzufegen. Dann kehrte er erschöpfter noch als nach seinem berühmten Gang in die Unterwelt auf den Felsen zurück. Phyleus begleitete ihn, der Sohn des Königs.

Herkules und Deianeira fühlten seit langem schon, daß sie ein zu ideales Paar waren, ein Gedanke, der beide gleicherweise beunruhigte. Die Liebe, die Phyleus gleich bei seinem ersten Besuch zu Deianeira faßte, kam daher weder Herkules noch seiner Geliebten ungelegen. So sehr sie sich liebten, das blutige Nessoshemd in Deianeiras Koffer quälte beide. Einmal würde Deianeira eifersüchtig sein, einmal würde es Herkules anziehen. Dann wären sie nicht mehr in Freiheit, sondern mit Zwang aneinandergebunden.

Der junge, unbeholfene, bäurische Prinz sah in der schönen Aetolerin eine höhere Möglichkeit des Menschen, als er sie in seinem vermisteten Lande hatte entdecken können, er ahnte, daß es ein Dasein ohne ständige, ausschließliche Beschäftigung mit Kühen und Käsen auch gebe, eine geistige Wirklichkeit dämmerte ihm auf, ein Glanz von Freiheit, Würde, Kunst streifte ihn. An ihrer Seite hoffte er das Land zu veredeln, zu zivilisieren. Deianeira war bereit, bei ihm zu bleiben, auch Herkules willigte ein, doch sollte sich die so schöne Hoffnung nicht erfüllen.

War es die Eifersucht der Elier auf den Helden, war es die Enttäuschung der Elierinnen – der wahre Grund war bei diesem dumpfen Volke nicht recht auszumachen –, unverhoffte Hindernisse stellten sich der so nötigen und anfangs doch so freudig beschlossenen Ausmisterei entgegen, und die Generalreinigung des Staates wurde immer wieder verschoben. Vergebens beschwor Phyleus seinen Vater in der Ahnung, daß die Säuberung des Landes die Vorbedingung seines Glückes darstelle; im unausgemisteten Elis würde Deianeira nicht bleiben, rief er verzweifelt aus.

Doch gegen die Kommissionen, die sich nun meldeten, kam er nicht auf. Ein Kultursachverständiger zum Beispiel wies darauf hin, daß unter dem Mist kostbare Holzschnitzereien verborgen seien, zwar unsichtbar, aber doch eben vorhanden, neben anderen tief versunkenen Zeugen heimatlicher Geschichte, und daß gerade durch das Ausmisten diese Kulturgüter Gefahr liefen, mit dem Mist verlorenzugehen. Eine andere Kommission bewies, daß Elis am wenigsten Lungenkranke von ganz Griechenland aufweise, und schrieb diese Tatsache dem Mist zu, eine andere befürchtete eine Verwilderung der Sitten, wenn die doch irgendwie trauliche Atmosphäre des Mistes plötzlich aufgehoben würde.

So häuften sich die Kommissionen, schleppten sich dahin, riefen andere hervor, die parlamentarischen Schwierigkeiten stiegen ins Unermeßliche, der Vorschuß war aufgezehrt, den man dem Helden gewährt hatte. Es kam zum letzten, bittersten Kapitel. Herkules, von den aus dem übrigen Griechenland anrückenden Gläubigern bedrängt, sah sich gezwungen, im Zirkus aufzutreten. Erst verneigte er sich nur, doch schließlich, als das bei den Eliern nicht mehr zog, mußte er mit Büffeln und Elefanten ringen. Die produktive Kraft, fähig, ein Land zu zivilisieren, wurde zum Zirkusclown erniedrigt.

In dieser aussichtslosen und schwierigen Lage war daher dem Helden eine Botschaft des Königs von Arkadien hoch willkommen, der gegen ein gutes Honorar und Reisespesen um die Vernichtung der Stymphalischen Vögel bat, so daß sich Herkules dorthin begab mit Deianeira und dem Privatsekretär – die Sklaven waren verkauft –, einen verzweifelten Königssohn zurücklassend und ein Land, das unausgemistet blieb.

Geschrieben 1953. Erstmals veröffentlicht im Programmheft zur Uraufführung der Komödie im Schauspielhaus Zürich am 20. März 1963.

Herkules
und der Stall
des Augias

Ein Hörspiel

Personen

Herkules	*Nationalheld*
Deianeira	*seine Geliebte*
Polybios	*sein Sekretär*
Augias	*Präsident von Elis*
Phyleus	*sein Sohn*
Kambyses	*Sauhirt*
Xenophon	*Redaktor*
Tantalos	*Zirkusdirektor*
Herr Schmied	*Volksschullehrer*
	Parlamentarier
	Botschafter
	Chöre
	Schulkinder

Geschrieben 1954

POLYBIOS *berichtet* Nach der Erzählung des guten alten Gustav Schwab soll die fünfte Arbeit, die Herkules im Dienste des Königs Eurystheus verrichten mußte, darin bestanden haben, daß er den Stall des Augias in einem Tag ausmistete. Nun kommt es mir nicht zu, etwas über einen deutschen Dichter zu sagen. Ich bin Grieche. Ich heiße Polybios und stamme aus Samos. Da jedoch Gustav Schwab seine Erzählung auf die Berichte griechischer Dichter hin verfaßte, kommt es mir zu, etwas über die Dichter meines Volks zu sagen. Ich beschäftige als Sekretär unseres Nationalhelden Herkules deren einige. Gewiß, Homer und Hesiod, die repräsentabelsten Dichter unseres Jahrhunderts, konnten wir uns nicht leisten, das überstieg bei weitem unser Budget, die sechsundzwanzig Verse im zwölften Gesang der Odyssee kamen teuer genug zu stehen: Die Dichter, mit denen ich mich zum täglichen Bedarf der Propaganda herumzuschlagen hatte, waren guter Durchschnitt, nicht mehr, doch läßt sich mein Eindruck über diesen Dichterdurchschnitt dahin zusammenfassen: Besseres Gelichter. Unfähig zur objektiven Berichterstattung, die man heutzutage doch wohl von jedem Zeitungsschreiber erwartet, waren unsere damaligen Poeten nichts weiter als unseriöse Übertreiber und abergläubische Märchenerzähler, wobei sie jedoch, um gerecht zu sein, im Falle des Augiasstalls nicht eigentlich übertrieben, sondern untertrieben. Es fiel ihnen einfach keine bessere Version einer Geschichte ein, die für uns alle peinlich war: Die Wahrheit hätte Herkules ruiniert, eine Tatsache, die ein so unkomplizierter Charakter wie der seine nie begreifen konnte. Er hielt die Dichter für unnütz und verkannte den Wert der Propaganda schmerzlich.

HERKULES Polybios.

POLYBIOS Verehrter Meister Herkules?

HERKULES Ich habe dich zu meinem Sekretär gemacht. Ich zahle dir achthundertfünfzig Drachmen im Monat, eine enorme Summe.

POLYBIOS Ich habe in Athen und auf Rhodos studiert, verehrter Meister.

HERKULES Dazu unterhältst du in deinem Büro zwanzig Dichter, was mir weitere zweihundert Drachmen im Monat ausmacht.

POLYBIOS Die Dichter dürfen als Spesen von den Steuern abgezogen werden. Propaganda ist für einen frei schaffenden Nationalhelden lebensnotwendig.

HERKULES Ich mühe mich ab. Ich erlege die Ungeheuer der Vorzeit, die Griechenlands Felder zerstampfen, und knüpfe die Räuber an die Bäume, die seine Wege unsicher machen. Und der Dank? Steuern, weil ich als Nationalheld keinem Verband angehöre.

POLYBIOS Es steht Ihnen frei, dem hellenischen Berufsheroenverband beizutreten.

HERKULES Um als meistverdienender die ganze Heldenbande zu unterhalten. Ich kenne die Statuten dieses Vereins.

POLYBIOS *entsetzt* Verehrter Meister!

HERKULES Ich arbeite privat und habe dich angestellt. Nun gut, ich bin zufrieden mit dir. Aber die Dichter ärgern mich. Da ist zum Beispiel dieser Komer, dem wir zweiundfünfzig Drachmen für sechsundzwanzig Verse zahlten. Zweiundfünfzig Drachmen, zwei Drachmen mehr als ich an einem mittleren Raubritter verdiene!

POLYBIOS Homer, Homer heißt der Mann!

HERKULES Homer oder Komer, wer weiß in zehn Jahren schon, wie er hieß. Und was beschreibt er? Wie mich der König Odysseus im Totenreich besucht. Dieser unglücklich verheiratete König von Ithaka, der von seiner Insel nie fortgekommen ist und sich seine Reisen zusammendichten läßt. Für dreitausend Drachmen.

POLYBIOS Für zweitausendfünfhundert.

HERKULES Dreitausend oder zweitausendfünfhundert, was spielt das bei einem König schon für eine Rolle.

POLYBIOS Für zweitausend Drachmen hätte Homer Ihr Leben gedichtet, verehrter Meister. Wir hätten annehmen sollen. Ein Sonderangebot!

HERKULES Bin ich ein König! Ich bin ein Nationalheld. Ich kann mir nur Dichter für zehn Drachmen den Monat leisten.

POLYBIOS Die geben sich die größte Mühe. Wenn auch die Schriften über Ihre Taten nicht zur großen Literatur zählen, so sind Sie doch beim einfachen Volk populär.

HERKULES Ich weiß. In jedem Kiosk kann man die Hefte mit den farbigen Umschlagbildern kaufen. Herkules erlegt die Hydra, Herkules und der Riese Antaios, Des Herkules Liebesnacht mit den fünfzig Töchtern des Thespios. Ich zivilisiere Griechenland und werde von seinen Köchinnen und Hausburschen bewundert, während man in den Salons königliche Faulpelze wie Theseus, Jason und Odysseus verherrlicht, die sich ihre erstklassigen Dichter leisten und nicht einmal mehr fähig sind, einen Wurfspeer zu schleudern, geschweige denn ein Mammut zu erlegen. Mich dagegen betrachtet man als einen ewig betrunkenen Kraftmeier, und dies gestützt auf die Literatur, die meine Dichter über mich herausgeben.

POLYBIOS Wir sind leider gezwungen, volkstümlich zu sein, verehrter Meister. Wir haben den bescheidenen Gewinn, den die Herkulesbücherei abwirft, dringend nötig.

HERKULES Müssen mich deshalb diese Dichter in Diensten des Königs Eurystheus darstellen? Eurystheus ist wohl das letzte, was es in Griechenland an Königen gibt.

POLYBIOS Verehrter Meister, auch dies ist mir peinlich, ich gebe es zu, doch in Anbetracht der monatlich wachsenden

Schar der Gläubiger ist es die einzige vernünftige Version, die unsere Dichter haben finden können. König Eurystheus und die zehn Arbeiten, die er Ihnen auferlegte, ist nur die poetische Umschreibung der Schulden, in denen Sie stecken, und in Anbetracht –

Großes Gepolter.

POLYBIOS *etwas keuchend* Dies eines der Gespräche. Sie wurden von unserem Nationalhelden bei weitem heftiger geführt, als es wohl den Anschein hatte. Seine Aufregung, kamen wir auf seine Schulden zu sprechen, war stets ungemein und in Hinsicht auf seine beträchtlichen Muskelkräfte nicht ungefährlich. Kurz: Die Ausbrüche seines Zornes waren weltberühmt und sind es noch heute. Das Gepolter, das Sie eben hörten, stammte denn auch von einem solchen Ausbruch, indem er mich die Treppe hinunter in die Vorhalle schmetterte; und wenn ich meinen Dienst nach einigen Knochenbrüchen und einem Lungenriß nicht quittierte, so nur, weil es für einen Sekretär ohne Diplom – ich hatte sowohl in Athen wie in Rhodos Pech im Examen – schwer war, überhaupt eine Stelle zu finden. Doch wurden auch die schlimmsten Wutausbrüche durch den Ruf –
DEIANEIRA Herkules! Herkules!
POLYBIOS – besänftigt. Es war Deianeira, seine Geliebte, eine so außergewöhnliche Frau an Gestalt und Geist, daß von ihr nur Wunderbares zu berichten ist.
HERKULES Hörst du diese Silberstimme, Polybios, diesen zitternden Glockenton? Ist sie nicht vollkommen? Ihr Leib, ihr Gang, ihr Geist! Die Anmut, mit der sie lacht, singt, Verse zitiert, tanzt, meinen Namen ruft –
POLYBIOS Die beiden ergänzen sich vortrefflich. Herkules war hünenhaft, robust und einfach, sie zierlich und mit einem unübertrefflichen Sinn für Nunacen begabt. Nicht, daß ich Herkules primitiv nennen möchte; daß er den Namen

Homers nie richtig wußte, trügt: in Wahrheit wußte er ihn genau, aber er liebte es, sich dumm und ungebildet zu stellen, gerade weil er gebildet war. Er liebte den Geist, die Kultur, die Zivilisation, ja, seine Liebe zu Deianeira war nichts anderes als diese seine Liebe, denn Deianeira war für ihn die Schönheit u n d der Geist. Ihr zuliebe bestand er die ungeheuerlichen Abenteuer seines Berufs, und es war seine Leidenschaft, Griechenland für den Geist zu säubern, den er in ihr verkörpert sah. Deianeira dagegen war manchmal etwas beunruhig.

DEIANEIRA Ich weiß –

POLYBIOS Sagte sie einmal zu mir –

DEIANEIRA Ich weiß, Herkules und ich gelten als das ideale Paar Griechenlands, und wir lieben einander wirklich. Doch ich fürchte mich, ihn zu heiraten, seit ich die Schale schwarzen Bluts besitze.

POLYBIOS Eine Schale schwarzen Bluts?

DEIANEIRA Als wir den Fluß Euenos erreichten, wollte mich der Kentaur Nossos rauben. Herkules schoß ihn nieder. Da riet mir der sterbende Kentaur, sein Blut in einer Schale zu sammeln. Ich sollte damit das Hemd meines Geliebten bestreichen, und Herkules werde mir treu sein. Ich habe es noch nicht getan. Er haßt Hemden, er ist ja meistens nackt, wenn er nicht gerade die Löwenhaut trägt. Jetzt sind wir frei. Aber einmal, wenn wir heiraten, werde ich fürchten, ihn zu verlieren, und er wird ein Hemd tragen, weil er älter sein wird und oft frieren wird, und ich werde sein Hemd in das schwarze Blut des Kentauren tauchen. Dann werden wir nicht mehr frei sein.

POLYBIOS Soweit Deianeira. Doch hätte kein Grund bestanden, Herkules für einen nicht vollkommen glücklichen Menschen zu haben, wenn eben nicht seine Schulden gewesen wären. Sie lagen in der Natur seines Metiers und waren unumgänglich. Der Beruf eines Nationalhelden ist nun einmal mit beträchtlichen Spesen verbunden. Er hat zu repräsentieren, Neugierige aus aller Welt sprechen vor, die zu bewirten sind, ein luxuriöser Lebenswandel ist Pflicht, nur das Beste ist gut genug. Die Schulden quälten ihn, stürzten ihn oft in Verzweiflung. Sein Sinn war aufs Große gerichtet, die Bedrohung des platten Alltags empfand er als entwürdigend. Der Verdacht stieg in ihm auf, er befreie das Land von den Auerochsen und Straßenräubern – ich brauche seine Worte – nur den Händlern und Bankiers zuliebe, die keinen Pfennig für seinen kulturellen Eifer hergaben. Dies alles vorausgesetzt, muß ich die Geschichte mit dem König Augias als einen Wendepunkt im Leben unseres Helden bezeichnen. Über Augias selbst möchte ich nicht viele Worte verlieren. Um die Wahrheit zu sagen, war er eigentlich gar kein König, sondern vielmehr der Präsident von Elis, ja, um genau zu sein, nur der reichste der Bauern und, da es dortzulande nur Bauern gibt, auch der, welcher am meisten zu sagen hatte und das elische Parlament präsidierte. Was nun den sagenhaften Mist angeht, von dem man so viel hört, so war er eben Gegenstand einer hitzigen Debatte im Großen Rat gewesen:

Man hört eine Glocke läuten.

EINER *bedächtig, langsam, wie die ganze Ratsszene* Es stinkt in unserem Land, daß es nicht zum Aushalten ist.

EIN ANDERER Der Mist steht so hoch, daß man überhaupt nur noch Mist sieht.

EIN DRITTER Letztes Jahr sah man noch die Hausdächer, nun sieht man auch die nimmer.

EIN VIERTER Wir sind total vermistet.

ALLE Vermistet.

AUGIAS *mit der Glocke* Ruhe.

Schweigen.

WIEDER EINER Wir sind aber vermistet.

EIN ANDERER Das ganze Land ist ein Saustall geworden.

EIN DRITTER Verdreckt und verschissen.

EIN VIERTER Und stinken tuts.

ALLE Stinken.

AUGIAS *mit der Glocke* Ruhe!

Schweigen.

EINE SCHRILLE STIMME Dafür sind wir die älteste Demokratie
Griechenlands.

EINE ANDERE Aber stinken tun wir trotzdem.

AUGIAS *mit der Glocke* Ruhe!

Schweigen.

WIEDER EINER Mal baden möchte ich, aber auch im Wasser ist
Mist.

EIN ANDERER Die Füß waschen.

EIN DRITTER Das Gesicht.

EIN VIERTER Es soll Länder geben, wo der Mist nicht so hoch
ist.

ALLE Bei uns ist er aber so hoch.

AUGIAS *mit der Glocke* Ruhe!

Schweigen.

EINER Dafür haben wir Käse.

EIN ANDERER Und Vieh.

EIN DRITTER Und sind gesund.

EIN VIERTER In die Tempel gehen wir auch am meisten.

ALLE Wir sind die Urgriechen.

AUGIAS *energisch* Ruhe!

Schweigen.

WIEDER EINER Auch der Käse tut schon nach Mist stinken.

EIN ANDERER Und die Milch, und die Butter.

EIN DRITTER Und die Gesundheit.

EIN VIERTER Gegen den Mist helfen auch die Tempel nimmer. Nur Ausmisten hilft.

ALLE Ausmisten.

AUGIAS *mit der Glocke* Ruhe!

Schweigen.

EINER Die Kultur sollte man einführen wie im übrigen Griechenland.

EIN ANDERER Die Zivilisation, die Sauberkeit.

EIN DRITTER Entweder misten wir jetzt aus, oder wir bleiben im Mist stecken.

EIN VIERTER Es ist höchste Zeit.

ALLE Es ist Matthäi am letzten.

Energisches Läuten der Glocke.

AUGIAS Männer von Elis!

EINER Hört unseren Präsidenten Augias.

ALLE Hören wir ihm zu.

AUGIAS Natürlich muß man ausmisten. Es ist wohl keiner unter uns, der nicht gegen den Mist ist. Wir sind alle gegen den Mist, ja, unter den Griechen ist es der Elier, der am meisten gegen den Mist ist.

EINIGE Richtig.

AUGIAS Doch ist ein Unterschied, ob wir nur ein wenig oder ob wir radikal ausmisten. Wenn wir nur wenig ausmisten, steht der Mist übers Jahr wieder so hoch wie jetzt, ja, noch höher, bei der Mistmenge, die wir produzieren. Daher müssen wir radikal ausmisten.

ALLE Radikal.

AUGIAS Elier! Wir stehen vor einer Gesamterneuerung des

Staates. Die schmucken Dörfer, unsere Residenz Elis mit der heimeligen Altstadt bilden einen einzigen Misthaufen. Wolken von Fliegen lagern über uns. Die Kühe schwimmen in Meeren von Jauche.

EINER Einfach ran an den Mist!

ALLE Ran an den Mist!

AUGIAS Ran an den Mist. Ein großes Wort. Doch muß mit Sorgfalt ausgemistet werden. Wir sind eine Demokratie. Nun ist die Aufgabe so gewaltig, daß ein Oberausmister gewählt werden muß. Wie leicht jedoch kommt die Freiheit in Gefahr, wenn wir dies tun. Der Mist ist dann fort, aber wir haben einen Oberausmister, und ob wir den auch fortbringen, kann man nicht wissen. Die Geschichte lehrt, daß gerade die Oberausmister bleiben. Doch droht uns eine noch größere Gefahr. Wenn wir jetzt ausmisten, haben wir keine Zeit, unsere Kühe zu besorgen, die Käse- und Butterherstellung, der Export wird zurückgehen, und der Verlust kommt uns teurer zu stehen als die ganze Ausmisterei –

EINIGE Eben!

ANDERE Die Ausmisterei sollen die Reichen bezahlen.

WIEDER ANDERE Wir zahlen genug Steuern!

NOCH ANDERE Ausmisten! Einfach ausmisten!

AUGIAS Elier! Beim letzten Fürstentag in Arkadien hörte ich von einem Herkules, den man den Säuberer Griechenlands nennt. Den brauchen wir. Säubern und Ausmisten ist das eine wie das andere. Ich will dem guten Mann mal schreiben. Wir bieten ihm ein anständiges Honorar, zahlen ihm die Spesen, und während wir unser Vieh besorgen, kann er sich an die Arbeit machen. So kommt uns das Ausmisten am billigsten.

EINIGE Am billigsten.

ALLE So wollen wir es machen.

POLYBIOS So kam es, daß sich Augias an Herkules wandte. Der Brief war peinlich. Es war offensichtlich, daß Augias den

Titel Säuberer Griechenlands wörtlich nahm und ein Ansinnen stellte, das den Nationalhelden tief beleidigen mußte. Anderseits wieder war dieses Ansinnen von einem Honorarangebot begleitet, das einfach nicht zu übersehen war. So sehr ich zögerte, so sehr mir Unheil schwante, ich mußte es für meine Pflicht halten, Herkules über diese Angelegenheiten zu informieren.

Gepolter, Fensterscheibengeklirr, Stöhnen.

POLYBIOS Sie haben es erraten, meine Damen und Herren, mir schwante richtig, das Getöse sagt genug: Wie ich Herkules den Brief des Augias unterbreitete und das günstige Angebot nur aufs behutsamste unterstrich, warf er mich nicht nur die Treppe hinunter, sondern auch durchs Fenster auf die Straße. Außer einem Beinbruch und einigen Schnittwunden trug ich zwar nichts davon, doch konnte ich mich erst eine Woche später, und das Bein eingeschient, hinter meine neue Aufgabe machen. Das Angebot des Augias mußte angenommen werden, an der Dringlichkeit dieser Tatsache gab es nichts zu rütteln, hatten sich doch neue Gläubiger eingestellt und schuldete mir unser Nationalheld den Lohn von zwei Jahren. Doch beschloß ich, mit Deianeira zu sprechen; eine neue Unterredung mit Herkules über dieses Thema wäre wohl mit Lebensgefahr verbunden gewesen.

DEIANEIRA Die Heftigkeit tut mir leid, Polybios, mit der dich Herkules behandelte.

POLYBIOS O bitte.

DEIANEIRA Herkules schätzt dich. Er hat nur eine etwas rauhe Schale, aber sein Herz ist gut.

POLYBIOS Das ist auch das wichtigste.

DEIANEIRA Das Bein schmerzt dich wohl noch?

POLYBIOS Die Hauptsache ist, daß ich kein Fieber mehr habe.

DEIANEIRA Und was führt dich zu mir?

POLYBIOS Der König von Elis schrieb einen Brief.

DEIANEIRA Ach! Der drollige Bauernkönig, der von Herkules verlangt, daß er ihm das Land ausmistet. Ich mußte über diese Geschichte furchtbar lachen.

POLYBIOS Ich hatte leider noch keine Gelegenheit dazu, Madame. Mein Bein –

DEIANEIRA Natürlich Polybios. Dein Bein –

Sie schweigt etwas verlegen.

DEIANEIRA Du meinst doch nicht etwa, daß wir den Auftrag annehmen sollen?

POLYBIOS Madame, in Anbetracht unserer Schulden –

Er schweigt etwas verlegen.

DEIANEIRA Haben wir viele Schulden, Polybios?

POLYBIOS Madame, wir werden von Gläubigern belagert. Von den Betreibungen will ich gar nicht sprechen. Wir stehen vor dem Konkurs, Madame.

Beide schweigen etwas verlegen.

DEIANEIRA Ich will meinen Schmuck verkaufen.

POLYBIOS Madame, Ihre Steine sind nicht mehr echt. Wir waren gezwungen, sie durch falsche zu ersetzen. Nichts in diesem Hause ist mehr echt.

Stille.

DEIANEIRA Wieviel bietet Augias?

POLYBIOS Dies auszurechnen ist kompliziert. Die Elier sind ein Bauernvolk. Fleißig, einfach, ohne Kultur. Sie vermögen nur bis drei zu zählen. Geistig eben zurückgeblieben. Daher haben sie eine Pergamentrolle mit lauter Dreis beschrieben, die unsere Dichter noch zusammenzählen. Doch sind es bis jetzt über hunderttausend Drachmen.

DEIANEIRA Wären wir damit saniert?

POLYBIOS Im großen und ganzen.

DEIANEIRA *entschlossen* Ich werde mit Herkules reden.

POLYBIOS *erleichtert* Ich danke Ihnen, Madame.

DEIANEIRA Herkules.

HERKULES Deianeira?

DEIANEIRA Du kannst jetzt nicht bogenschießen. Ich habe mit dir ein ernstes Wort zu reden.

HERKULES Ich höre.

DEIANEIRA Du mußt das Angebot des Königs Augias annehmen.

HERKULES Deianeira. Ich habe meinen Sekretär Polybios die Treppe hinunter und zum Fenster hinaus geschmettert, wie er mir die leiseste Andeutung über dieses Thema machte.

DEIANEIRA Nun, willst du mich auch irgendwohin schmettern?

HERKULES Du kannst doch von mir nicht verlangen, daß ich misten gehe!

DEIANEIRA Wir haben Schulden.

HERKULES Ich habe die schrecklichsten Ungeheuer erlegt, die Giganten besiegt, die Riesen Geryones und Antaios, das Himmelsgewölbe habe ich getragen, das Riesengewicht seiner Sterne, und in die Nebelmeere der Unterwelt bin ich gestiegen. Und nun soll ich das Land eines Mannes ausmisten, der nur bis drei zählen kann und nicht einmal König ist, sondern nur Präsident. Niemals!

DEIANEIRA Es geht nicht anders. Das mußt du nun eben einsehen. Nicht das ist wichtig, was einer tut, sondern wie er es tut. Du bist ein Held, und so wirst du auch als ein Held ausmisten. Was du tun wirst, Herkules, wird nie lächerlich sein, weil du es tust.

HERKULES Deianeira!

DEIANEIRA Herkules!

POLYBIOS Unterdessen hatten sich in Elis große Dinge zugetragen. Eine Ahnung von Hygiene, von frisch gebohnerten Stubenböden, von leuchtend weißen Häusern ging durch das Land. Man fühlte, frische Luft war nötig. Die Hoffnung belebte die Elier, die jedem beschlossenen Umbruch, jeder Erneuerung vorangeht. Geistig sahen sie sich schon ausgemistet, vor allem die Frauen, die Märchenhaftes erwarteten, lasen doch die wenigen, die lesen konnten, mit Begeisterung in der Herkulesbücherei. Neue Parteien bildeten sich. Die Sportler schlossen sich zusammen, die Philatelisten freuten sich auf eine neue Briefmarke. Man sprach von einem Geistesfrühling. Alle waren einig, daß ausgemistet werden mußte, doch hoffte eben ein jeder, dabei noch ein besonderes Geschäft zu machen.

ERSTER CHOR
    Wir Wirte etwa, zur Harmonie, zum Querochsen und
        zum alten Brauch
        Erwarten zwar auch
    Einen höheren Hauch
        Doch nachher noch Fremdenverkehr
    Korinther, Athener, Meder und Briten
    Ägyptische Fürsten, thebanische Witwen
        Mistet Herkules aus, mistet Herkules aus.

    Nicht des Geldes wegen
        Nein
    Was nicht sein soll, soll auch nicht sein
        Doch der Fremdenverkehr wird auf natürlichen Wegen
        Die Kultur des Eliers weiter erregen
    Ist der Mist einmal fort, ist der Mist einmal fort.

ZWEITER CHOR
    Wir Bauern hingegen, vom Säulihof, vom Ankenboden
        und von Milchiwil
        Erwarten zwar viel

Vom so nötigen Ziel
   Doch davon natürlich dann schon
Noch besseren Käs, noch bessere Rinder
Noch fetteren Speck und noch fettere Kinder
   Mistet Herkules aus, mistet Herkules aus.

Nicht des Geldes wegen
   Nein
Was nicht sein soll, soll auch nicht sein
   Doch der fettere Speck wird auf natürlichen Wegen
   Die Kultur des Eliers weiter erregen
Ist der Mist einmal fort, ist der Mist einmal fort.

DRITTER CHOR

   Wir Frauen daneben, aus Bauernkreisen oder gar von
      einem höhern Leben
      Erwarten zwar eben
   Ein rein geistiges Streben
      Doch vom Heros brauchen wir Eros
   Wir baden uns griechisch, schminken uns persisch
   Wir tragen das Mieder auf indochinesisch
      Mistet Herkules aus, mistet Herkules aus.

   Nicht des Helden wegen
      Nein
   Was nicht sein soll, soll auch nicht sein
   Doch wird unser Bemühn auf natürlichen Wegen
      Die Kultur des Eliers weiter erregen
   Ist der Mist einmal fort, ist der Mist einmal fort.

ALLE ZUSAMMEN

   So hoffen wir eben. Himmelhoch im Lande und im
      Denken steht der Mist
      Der bleibt wie er ist
   Ohne höheren Hauch
      Wir sind alle dagegen

Doch lassen wir nit, doch lassen wir nit
Von unsrem Geschäft und von unsrem Profit
Mistet Herkules aus, mistet Herkules aus.

Nicht des Geldes wegen
    Nein
Was nicht sein soll, soll auch nicht sein
    Doch wird ohne Profit auf natürlichen Wegen
    Die Kultur des Eliers niemand erregen
Ist der Mist einmal fort, ist der Mist einmal fort.

POLYBIOS So schiffte man sich denn ein, umfuhr mit dem Kursschiff nach Ithaka den Peloponnes und landete bei angenehmster Witterung in der Mündung des Peneios, entschlossen, das schmutzige Abenteuer in Angriff zu nehmen. Der Nationalheld war von wenigen begleitet, von Deianeira, von mir und einigen noch nicht verkauften Sklaven; die Dichter ließen wir in Theben zurück mit dem Auftrag, für die Arbeit, die in Elis zu leisten war, eine möglichst poetische Version zu finden: Das war auch nötig, denn die Reise ins Innere des Landes gestaltete sich schwieriger als man dies vorher angenommen hatte, übertraf doch der Mist jede Erwartung. Waren zuerst nur einzelne Pfützen zu sehen, mehrten sie sich, wuchsen zusammen, besonders für Herkules peinlich, der, nur mit der Löwenhaut bekleidet, wie es seine Gewohnheit war, und barfuß nach Heldenart, immer bedenklicher auszusehen begann.

DIE SCHULKINDER
    Der Mist steht hoch in unserm Land,
        Es stinkt an allen Enden.
DER SCHULLEHRER Rhythmischer. Mehr Größe im Ausdruck. Mehr Gefühl. Den Mist muß man spüren, riechen. *Singt vor*

Der Mist steht hoch in unsrem Land
Es stinkt an allen Enden.

XENOPHON Meine Damen und Herren. Mein Name ist Xenophon, mein Beruf Redaktor am elischen Landboten. Wir befinden uns auf dem Augiasplatz, den Nationalhelden Griechenlands Herkules zu empfangen. Schon hören Sie die Schulkinder. Sie üben das Empfangslied ein, komponiert von unserem Musikdirektor, bei dem die Freude an der bevorstehenden Ausmistung leider einen Hirnschlag auslöste, der ihn dahinraffte. Das Empfangslied ist sein letztes Werk. Sie wohnen nun, meine Damen und Herren, der Uraufführung bei. Es dirigiert der Stellvertreter des verstorbenen Musikdirektors, Volksschullehrer Schmied, seinem Namen nach nicht ein reiner Grieche, sondern ein aus Norden eingewanderter Gote.

SCHULKINDER
Der Mist steht hoch in unsrem Land
Es stinkt an allen Enden.

XENOPHON *leise, um den Gesang nicht zu stören* Der altehrwürdige Augiasplatz ist der schönste Platz in Elis, das darf man wohl sagen, der berühmteste, stehen doch hier, leider unsichtbar, die historische Eiche und ein Apoll des Praxiteles, und wenn auch seine herrlichen Gebäude, seine spätarchaischen Fassaden mit den farbigen mykenischen Holzschnitzereien unter dem Mist begraben sind, geistig sind sie eben doch vorhanden und nehmen am Geschehen teil.

SCHULKINDER
Doch ist uns nun der Retter nah
Des Landes Not zu wenden.

SCHMIED
Doch ist uns nun der Retter nah
Des Landes Not zu wenden.

Dies edler, einfältiger, stiller, größer! Dionysischer, apollinischer! Es ist doch merkwürdig, daß ihr Griechen nie auf euer

eigenes Wesen kommt, und daß wir Goten euch dieses
immer erklären müssen: Doch ist uns nun –
SCHULKINDER
    Doch ist uns nun der Retter nah
    Des Landes Not zu wenden.
XENOPHON Nun ist der große, historische Augenblick gekom-
men, meine Damen und Herren. Überall leuchten in der
Stadt die Mistfeuer, Kuhglocken erdröhnen, Alphörner bla-
sen. Es wimmelt von Eliern, zu Tausenden, Zehntausenden
sind sie herbeigeströmt, herbeigewatet, um die Wahrheit zu
sagen. Jetzt steigt in der Mistkäfergasse ein unbeschreiblicher
Jubel hoch. Herkules, Herkules, tönt es im Chor. Überall
Fahnen, überall Spruchbänder, Transparente mit der Devise:
Der Mist muß fort. Das Empfangskomitee in der schlichten
Tracht des Landes mit den hohen Stiefeln hat ein Halbrund
gebildet, in dessen Mitte unser Präsident Augias auf dem
traditionellen silbernen Melkstuhl sitzt, die goldene Mistgabel in der Hand zum Zeichen seiner Würde. Und nun
erscheint Herkules auf dem Augiasplatz, der große Säuberer,
der phänomenale Held und Sportler, unser Nationalheros in
der bekannten Löwenhaut, gefolgt von einem hinkenden
jungen Mann mit Brille, wohl von seinem Sekretär, und
Sklaven, die eine Sänfte tragen. Nun sind sie da, nun hat sich
der historische, der welthistorische Augenblick ereignet, nun
sind sie in Elis eingetroffen – *etwas ernüchtert* – leicht
hergenommen, muß man sagen. *Wieder begeistert* Nun, das
macht ja nichts, das Terrain in unserem kleinen, aber freien
Ländchen ist nicht das beste, und es mag einige Spritzer
gegeben haben, besonders die Riesengestalt, zwei Meter
fünfzig, unseres Nationalhelden mag einigemale zu tief ge-
sunken sein. Nun hören Sie die Begeisterung des Volks aus
nächster Nähe, besonders die des weiblichen Teils der Bevöl-
kerung. Hurrarufe, Jauchzer, Tücherschwenken, Hüte werden in die Luft geworfen. Die Blasmusik setzt ein mit der
Nationalhymne, die alles mitsingt.

ALLE MIT DER BLASMUSIK
   O Elierland, mein liebes Vaterland
   Kleinod am Peneiosstrand.

Die folgenden Worte weiß wie bei allen Nationalhymnen niemand mehr.

XENOPHON Der Schulkinderchor singt unter Volksschullehrer Schmied.

SCHULKINDER
   Der Mist steht hoch in unsrem Land
   Es stinkt an allen Enden.
   Doch ist uns nun der Retter nah
   Des Landes Not zu wenden.

XENOPHON Nun erhebt sich Präsident Augias, wohl der volkstümlichste unserer Präsidenten, der Präsi, wie wir ihn alle nennen, von seinem silbernen Melkstuhl und geht auf Herkules zu –

AUGIAS Herkules, Nationalheld, willkommen in unserer vermisteten Heimat, willkommen in unserem Ländchen. Aber wie siehst du denn aus? Verdreckt und verstunken von oben bis unten, fast könnte man meinen, du seist der Elier. Ich werde dir ein Paar Stiefel leihen. Da, einen herzhaften Kuß!

HERKULES Herr Präsident –

AUGIAS Nun das Ehrenkomitee. Marsch, tretet vor, schön der Reihe nach und gebe jeder unserem Nationalhelden einen Schmatz. Adrast vom Ankenboden, Vizepräsident des Großen Rats *Kuß*. Pentheus vom Säuliboden, Präsident des Komitees für Kultur *Kuß*. Kadmos von Käsingen, Vorsitzender des Heimatvereins *Kuß*. Tydeus vom hintern Grütt, Präsident des Fremdenverkehrsvereins *Kuß*. Agamemnon vom vordern Grütt, Custos des Landesmuseums *Kuß*. Kleisthenes vom mittlern Grütt, Präsident für Sittlichkeit ...

POLYBIOS So ging das stundenlang. Es war fürchterlich. Die

Hauptstadt, die unvermutet, ohne Konturen, plötzlich einfach vorhanden war als ein riesenhafter Misthaufen inmitten eines noch riesenhafteren Misthaufens, die wimmelnden Menschen in ihren hohen Stiefeln, dazu unsere eigene, doch an Sauberkeit gewöhnte und nun so heruntergekommene Gestalt, die warme Stalluft, das nie aussetzende Gesumm der Fliegen, das Gekrächz der Raben, die diese Fliegen fraßen und fett wie Gänse fast nicht mehr fliegen konnten, die barbarische Begrüßungszeremonie mit der Küsserei, das nachfolgende Bankett mit der grauenerregenden Art, wie man in diesem Lande Unmengen von Schweinen und Ochsen und Tonnen von Bohnen verzehrte, ganze Fässer von Kornschnaps leer trank und dazu unendliche Festreden hielt. Endlich, spät in der Nacht, ließen wir unsere Zelte auf einen Fels schaffen, der in der Nähe von Elis wie eine Insel aus den Mistmeeren ragte mit einer silbernen Quelle, worin wir uns säuberten. Es ging gegen Morgen. Der Mond war im Sinken begriffen. Stille. Nur die Quelle murmelte. Ich schlief in meinem Zelt, die Sklaven zusammengerollt irgendwo, nur Deianeira konnte nicht schlafen. Sie saß auf der Löwenhaut des Nationalhelden und starrte in den Mond, der selbst Elis' Mistgebirge in sanfte blaue Hügel verwandelte, und mit einem Male stand ein Jüngling vor ihr, unbeholfen und in hohen Stiefeln. Deianeira blickte ihn mit großen Augen verwundert an. Wie weißer Marmor glänzte ihr Leib durch das Halbdunkel, so schön, so verlockend, daß der junge Mann die Augen nicht wieder aufzuschlagen wagte.

DEIANEIRA Wer bist du?

PHYLEUS Ich –

DEIANEIRA Kannst du nicht reden?

PHYLEUS Ich bin Phyleus, der Sohn Augias.

DEIANEIRA Was willst du?

PHYLEUS Ich – ich bin gekommen, Herkules zur Besichtigung des Mistes abzuholen.

DEIANEIRA Mitten in der Nacht?

PHYLEUS Verzeih.

DEIANEIRA Willst du mir nicht die Wahrheit sagen?

PHYLEUS Ich kannte nichts anderes als Pferde, Ochsen, Schweine, bevor ihr gekommen seid. Ich wuchs auf, wie jeder in Elis aufwächst: im Mist, roh, handfest, gut geprügelt und gut prügelnd. Doch nun habe ich Herkules gesehen und dich, und es ist, als würde ich zum ersten Male Menschen sehen und als wäre ich nichts weiteres denn ein zottiges Tier.

DEIANEIRA Darum bist du hieher gekommen?

PHYLEUS Ich mußte in eurer Nähe sein.

DEIANEIRA Du bist noch jung.

PHYLEUS Drei mal drei mal zwei Jahre.

DEIANEIRA Willst du dich nicht zu mir setzen?

PHYLEUS Du bist doch – ich meine, nie vorher sah ich eine unverhüllte Frau.

DEIANEIRA O! Ich bedecke mich mit der Löwenhaut. Willst du nun kommen?

PHYLEUS Wenn ich darf.

DEIANEIRA Ich bin müde, aber ich konnte nicht schlafen. Ich hatte Angst vor diesem Land, vor diesem Mist, vor den vielen Fliegen und Käfern und vor diesen ungefügen Menschen, die so viel essen und so ernste Gesichter dabei machen. Ich fürchtete mich. Und wie der Mond sich mit einem Mal neigte, ganz plötzlich, gegen die Hügel hin, war es, als greife etwas Unbekanntes nach mir, Herkules und mich zu töten. Da bist du gekommen. Ein junger Mensch mit einem warmen Leib und mit guten Augen. Ich habe Vertrauen zu dir. Ich will meinen Kopf in deinen Schoß legen und nicht mehr Angst haben, wenn der Mond nun versinkt.

POLYBIOS Doch war dies nicht das einzige Gespräch in der mondhellen Nacht. Auch Herkules konnte nicht schlafen und hatte sich aus seinem Zelt gestohlen. Er saß bei der Quelle. Die Ungeduld, mit der ihn die elische Frauenwelt begrüßt hatte, machte ihm Sorgen. Auch er starrte in den Mond, der, wir wissen es schon, die elische Landschaft verzauberte, und mit einem Male stand auch vor ihm eine Gestalt, ein riesenhafter, zerlumpter Kerl –

HERKULES Wer bist du?

KAMBYSES Ich –

HERKULES Kannst du nicht reden?

KAMBYSES Ich bin Kambyses, der Sauhirt.

HERKULES Ich bin Herkules aus Theben. Du hast wohl schon von mir gehört.

KAMBYSES Ich bin ja nur ein Sauhirt.

HERKULES Ich bin gekommen, in diesem Lande auszumisten.

KAMBYSES Wird dir nicht gelingen. Der Mist steht zu hoch.

HERKULES Du bist ein kluger Mann, Kambyses. Du wirst mir helfen können.

KAMBYSES *verwundert* Helfen? Einem Helden?

HERKULES Wenn du tust, was ich dir sage.

KAMBYSES Was soll ich denn tun?

HERKULES *zögernd* Sieh, man erzählt viele Geschichten von mir. Wie ich schon als Säugling zwei Schlangen erwürgt haben soll und später einen Löwen, wie ich Riesen tötete und die Hydra, der immer zwei Köpfe nachwuchsen, wenn ich einen abschlug.

KAMBYSES Du bist eben ein Held.

HERKULES Nur mein Beruf. Leider erzählt man noch andere Geschichten. Geschichten von Frauen.

KAMBYSES *erfreut* Geschichten von Frauen mag ich gern.

HERKULES Gerade diese Geschichten sind populär.

KAMBYSES Was erzählt man denn?

HERKULES *etwas geniert* Ich möchte nicht auf Einzelheiten eingehen. Doch soll ich viele Frauen und Mädchen verführt haben, erzählt man sich.

KAMBYSES *neugierig* Hast du denn viele verführt?

HERKULES Schließlich bin ich ein Nationalheld. Doch man

übertreibt. So erzählt man, ich hätte in einer Nacht neunundvierzig der fünfzig Töchter des König Thespios verführt.

KAMBYSES *verständnislos* Fünfzig?

HERKULES Drei mal drei mal drei mal zwei weniger drei weniger eins.

KAMBYSES Das hast du nicht getan?

HERKULES Ich bitte dich, wer hat schon so viele Töchter.

KAMBYSES Natürlich.

HERKULES Siehst du.

KAMBYSES Und was willst du nun von mir?

HERKULES Das ist schwierig zu erklären. Ich möchte mit den Frauen nicht mehr viel zu tun haben, verstehst du? Ich liebe eine Frau, eine herrliche Frau, und überhaupt bin ich in einem Alter – ich möchte sagen, daß mir ein geruhsameres Leben vorschwebt, als es den Gerüchten entspricht, die über mich umgehen. – Ich möchte mich ganz auf meine Aufgabe beschränken, Mammuts zu töten, Raubritter und was es sonst noch für nützliche Arbeiten gibt im Lande – wie hier zum Beispiel das Ausmisten.

KAMBYSES Ich verstehe.

HERKULES Eben.

KAMBYSES Ich soll deine Liebesgeschichten dementieren.

HERKULES *zögernd* Nicht eigentlich. Das kann man nicht eigentlich sagen. Eher das Gegenteil.

KAMBYSES *verwundert* Das Gegenteil?

HERKULES Siehst du, Kambyses: Gerade diese Frauengeschichten, so unangenehm sie auch sind, bilden einen wichtigen Bestandteil meines Berufs – ich meine, das Volk will, daß ich Frauen- und Mädchenherzen breche – es gehört sich dies einfach für einen Nationalhelden.

KAMBYSES Das ist ja klar.

HERKULES Ich kann es mir einfach nicht leisten, nicht nach dem Wunsche des Volks zu leben, ich muß schließlich darauf achten, daß ich Aufträge bekomme, und geschäftlich geht es mir gar nicht etwa besonders. Und dennoch muß ich meine Ruhe haben.

KAMBYSES Nun?

HERKULES *vorsichtig* Du hast doch meine Figur.

KAMBYSES *stolz* Man könnte es glauben. So im Dunkeln. Ich bin der größte Elier. Und Muskeln – fühl mal.

HERKULES Eben. Im Dunkeln. Ich meine – ich stelle mir vor – du könntest doch in meinem Zelt schlafen.

KAMBYSES Warum denn?

HERKULES Kambyses. Ich bin sicher, daß du drauf kommst, wenn du nur scharf nachdenkst.

KAMBYSES Aha.

HERKULES Du bist drauf gekommen?

KAMBYSES Jetzt.

HERKULES Einverstanden?

KAMBYSES Denk wohl.

HERKULES Und du schweigst?

KAMBYSES Ehrenwort.

HERKULES Nur mußt du dich vorher baden.

KAMBYSES Baden?

HERKULES Damit man glaubt, daß du ich bist.

KAMBYSES *bestimmt* Dann lieber nicht.

HERKULES Was soll das heißen?

KAMBYSES Ich bade nicht.

HERKULES *drohend* Du wirst aber baden.

KAMBYSES *hartnäckig* Nein, Herr, nie. Und wenn ich hundertmal ein Nationalheld sein kann. Ein elischer Sauhirt badet nicht –

Gurgeln, Prusten, Wassergüsse.

POLYBIOS Kambyses wurde gebadet, und wie der Mond untergegangen war und die Sonne kam und sich die sanften blauen Hügel wieder in Mistberge zurückverwandelten, ging Herkules zu den Zelten, wo er zu seiner Verwunderung Deianeira schlafend im Schoße eines jungen Mannes fand.

Herkules räuspert sich.

PHYLEUS *erschrocken* O!

HERKULES Verzeih, wenn ich störe.

PHYLEUS *verlegen* Deianeira bat mich, ihr Haupt in meinen Schoß legen zu dürfen.

HERKULES Und wer bist du denn?

PHYLEUS Ich bin Phyleus, der Sohn des Augias und gekommen, dich zur Besichtigung des Mistes abzuholen. Ich habe Stiefel mitgebracht.

HERKULES Die braucht man auch bei diesem Terrain.

POLYBIOS Herkules trug Deianeira ins Zelt und schritt mit Phyleus nach Elis hinunter. Er machte sich an die Arbeit. Die Hölle erwartete ihn. Er fuhr über schauerliche, stinkende Meere, traversierte fürchterliche Pässe zwischen himmelragenden Massen, kletterte, Millionen von Hühnern aufscheuchend, über riesenhafte Fladen, Mistkäfer im Bart und den Leib dicht mit Fliegen besetzt. Gefahren drohten, Abgründe, die noch niemand erforscht hatte, und als der Nationalheld wieder zum Vorschein kam, begab er sich zu Augias.

HERKULES Ich werde die Flüsse Alpheios und Peneios durch das Land leiten und den Mist ins Meer schwemmen, Präsident Augias.

AUGIAS Ein kluger Plan. Nur muß die Säuberungskommission und das Wasseramt noch unterrichtet werden. Eine reine Formalität.

POLYBIOS Da Herkules seine Arbeit noch nicht beginnen konnte, weil die Säuberungskommission und das Wasseramt für die Formalität ihrer Zustimmung offenbar einige Zeit brauchten, kam es, daß Phyleus den Helden und Deianeira täglich besuchte und so mit einer höheren Möglichkeit des menschlichen Daseins in Berührung kam.

DEIANEIRA
    Ungeheuer ist viel. Doch nichts
    Ungeheurer, als der Mensch.
    Denn der, über die Nacht
    Des Meers, wenn gegen den Winter wehet
    Der Südwind, fähret er aus
    In geflügelten, sausenden Häusern.
PHYLEUS Das ist schön, was du sagst.
DEIANEIRA Ein Gedicht des Sophokles.
PHYLEUS Wir kennen keine Gedichte. Wir brauchen die Spra-
    che nur, um Vieh einzuhandeln.

DEIANEIRA
    Und der Himmlischen erhabene Erde
    Die unverderbliche, unermüdete
    Reibet er auf; mit dem strebenden Pfluge
    Von Jahr zu Jahr
    Treibt sein' Verkehr er, mit dem Rossegeschlecht
    Und leichtträumender Vögel Welt
    Bestrickt er und jagt sie
    Und wilder Tiere Zug
    Und des Pontos salzbelebte Natur
    Mit gesponnenen Netzen
    Der kundige Mann.
PHYLEUS Ich verstehe diese Worte. Der Mensch soll über die
    Erde herrschen.
DEIANEIRA Dazu ist uns die Erde gegeben: Daß wir das Feuer
    bändigen, die Gewalt des Windes und des Meeres nutzen,
    daß wir das Gestein zerbrechen und aus seinen Trümmern
    Tempel und Häuser bauen. Du solltest einmal Theben sehen,
    meine Heimat, die Stadt mit den sieben Toren und der
    goldenen Burg Kadmeia.
PHYLEUS *zögernd* Du liebst deine Heimat?
DEIANEIRA Ich liebe sie, weil sie vom Menschen erschaffen ist.
    Ohne ihn wäre sie eine Steinwüste geblieben, denn die Erde
    ist blind und grausam ohne den Menschen. Nun hat er sie

bewässert, hat die wilden Tiere getötet; nun ist sie grün, nun sind Olivenbäume und Eichen, Kornfelder und Weinberge da. Alles ist hier, was der Mensch braucht. Die Erde hat seine Liebe erwidert.

PHYLEUS Es ist schön, eine Heimat zu besitzen, die man lieben kann.

DEIANEIRA Die Heimat soll man immer lieben.

PHYLEUS Ich kann die meine nicht lieben. Wir beherrschen unser Land nicht mehr. Es beherrscht uns mit seiner braunen Wärme. Wir sind eingeschlafen in seinen Ställen.

DEIANEIRA Herkules wird ausmisten!

PHYLEUS Ich fürchte mich davor.

DEIANEIRA Fürchten?

PHYLEUS Auch hier soll es einmal Tempel gegeben haben. Auch sagen einige, sie seien unter dem Mist noch erhalten. Wenn nun einmal Herkules ausmistet, werden vielleicht auch herrliche Gebäude bei uns sein wie in Theben, vielleicht sogar eine Königsburg, die Augeia, wie man glaubt, und mein Land wird ähnlich sein wie das deine: Doch sieh, Deianeira, davor habe ich Angst: Daß alles wieder von vorne anfangen, daß der Mist wieder kommen, daß die ganze Herkulesarbeit unnütz sein wird, weil wir es nicht verstehen, ohne Mist zu leben, weil uns niemand die Möglichkeit des Menschen zeigen wird, sein Vermögen, große und schöne, wahre und kühne Dinge zu tun, weil der Mist nur das Sinnbild unseres Unverstandes und unserer Unkenntnis ist. Ich fürchte mich vor der Zukunft, Deianeira.

POLYBIOS Herkules lag im Schatten und hörte dem Gespräch zu. Deianeira liebte es, von ihrer Heimat zu schwärmen, war sie in der Fremde und besonders jetzt natürlich in Elis, während er, kam man auf Theben zu reden, mehr an die Krämer und Bankiers dachte, die an den Hängen der goldenen Kadmeia nisteten. Der sympathische Junge, der die nackte Deianeira bestaunte als wäre sie ein Wunder – und sie

war ja wirklich eines – und der immer noch kaum die Stiefel
auszuziehen wagte, tat ihm leid. Er beschloß, einzugreifen.
Beim Anbruch der Dämmerung – sein Zelt mit Kambyses
war wie gewöhnlich von Elierinnen umschlichen – wie er
sich bei Deianeira versteckte, sagte er zu ihr ...

HERKULES Willst du mich heiraten, Deianeira?

DEIANEIRA Ich weiß nicht – willst du mich heiraten, Herkules?

HERKULES Nun, ich fürchte mich etwas. Ich bin doch vielleicht
nicht sonderlich ein Mann für dich – mein Beruf –

DEIANEIRA Ich fürchte mich ja auch ein wenig davor. Du bist
ein Held und ich liebe dich. Doch ich frage mich, ob ich für
dich nicht nur ein Ideal bin, so wie du für mich ein Ideal bist.

HERKULES Zwischen uns stehen dein Geist, deine Schönheit
und meine Taten und mein Ruhm, das willst du sagen, nicht
wahr, Deianeira?

DEIANEIRA Ja. Herkules.

HERKULES Siehst du, darum solltes du diesen reizenden Jungen
heiraten, diesen Phyleus. Er liebt dich, er hat dich nötig, und
ihn kannst du lieben nicht als ein Ideal, sondern als einen
unkomplizierten jungen Mann, den eine Frau wie du
braucht.

DEIANEIRA Dies bist du gekommen, mir zu sagen!

HERKULES Dies.

DEIANEIRA Ich soll hier bleiben in Elis?

HERKULES Liebst du ihn denn nicht, den Phyleus?

DEIANEIRA Doch – ich liebe ihn.

HERKULES Es ist deine Bestimmung, daß du bleibst, und die
meine, daß ich gehe, mit meinen Auerochsen und Mammuts
zu kämpfen.

DEIANEIRA *leise* Dieses Land ist so schrecklich, Herkules. Ich
werde nie mehr Theben sehen, die Gärten, die goldene
Kadmeia, bleibe ich hier.

HERKULES Errichte hier dein Theben, deine goldene Kadmeia.
Warte nur, bis ich ausgemistet habe. Ich nehme es auf mich,

Berge von Unrat wegzuwälzen, das ungefüge Handwerk zu
tun, das nur ich tun kann, aber du gibst dem gesäuberten Land
die Fülle, den Geist, die Schönheit, den Sinn. So sind wir denn
beide für Elis notwendig, beide die Möglichkeiten dieses
Landes, daß es sich vermenschliche. Bleib bei Phyleus, Deianeira, und meine schmutzigste Arbeit wird meine beste sein.

POLYBIOS Soweit waren die Dinge in Elis gediehen. Alles
schien sich zum Wohle, zum Heil des Landes zu wenden, ein
freundlicher Stern über allem zu walten. Warte nur, bis ich
ausgemistet habe: Nun, diese Worte des Herkules klangen
etwas optimistisch, denn es war nicht ganz zu übersehen,
daß dem Ausmisten, sollte es jetzt in die Tat umgesetzt
werden, mit einem Male einige Schwierigkeiten gegenüber-
standen. Nicht nur, daß das Wasseramt sich noch nicht
entschließen konnte, auch in der Säuberungskommission
wurden Bedenken laut, die umso eindringlicher waren, als
sie von Politikern vorgebracht wurden, die selber von der
Notwendigkeit des Ausmistens tief überzeugt waren. So
sagte etwa Pentheus vom Säuliboden, der Präsident des
Kulturkomitees:

PENTHEUS VOM SÄULIBODEN Meine Herren. Ich möchte an-
fangs betonen, daß ich nach wie vor von der Notwendigkeit
des Ausmistens zutiefst überzeugt bin.
EINE STIMME Wer nicht ausmistet, schadet der Heimat.
AUGIAS *mit der Glocke* Ruhe!
PENTHEUS VOM SÄULIBODEN Doch ist es mir als Präsident des
Kulturkomitees eine Pflicht, die Säuberungskommission des
Großen Rats darauf hinzuweisen, daß das Ausmisten die
Gefahr in sich birgt, Kulturwerte unserer Heimat zu beschädigen, ja zu zerstören. Unter dem Mist sind immense Kunstschätze verborgen. Ich nenne nur die spätarchaischen Fassa-
den und die farbigen Holzschnitzereien auf dem Augias-
platz, den Zeustempel im frühjonischen Stil und die weltbe-

rühmten Fresken in der Turnhalle. Dieses Kulturgut nun,
mistet man es aus – und ich sehe auch keinen anderen Weg,
als die Flüsse Alpheios und Peneios durch unser Gebiet zu
lenken – könnte durch die Wasserfluten beschädigt, ja, wie
zu befürchten ist, zerstört werden, und da unser Patriotismus weitgehend auf diesen kulturellen Gütern ruht, läuft
auch er Gefahr, bei einer allgemeinen Ausmistung zu Grunde zu gehen. Nun könnte man einwenden, die ganzen Befürchtungen seien hinfällig, weil man die Kunstschätze ja gar
nicht sehe, da sie unter dem Mist begraben sind, doch muß
ich gerade hier ausrufen: Es ist besser, daß diese kulturellen
Güter, die ja unsere heiligsten Güter sind, zwar nicht sichtbar, aber doch eben noch vorhanden sind, als überhaupt
nicht mehr vorhanden.

EINE STIMME Bilden wir eine Kommission.

ALLE Beschlossen schon: Wir bilden eine Kommission!

AUGIAS *mit der Glocke* Kadmos von Käsingen hat das Wort.

KADMOS VON KÄSINGEN Meine Herren vom Säuberungsausschuß. Als Vorsitzender des Heimatvereins möchte ich meinem Vorredner Pentheus vom Säuliboden insofern zustimmen, als auch ich die unter dem Mist verborgenen Kunstschätze als unsere heiligsten Güter betrachte. Doch der
Ansicht, meine Herren, daß die Fluten diese heiligsten Güter
beschädigen könnten, kann ich nicht beitreten. Diese Ansicht scheint mir die Notwendigkeit des Ausmistens, von der
wir alle zutiefst überzeugt sind, zu hintertreiben. Es ist doch
klar, daß der Mist für diese heiligsten Güter schädlicher ist.
Nein, meine Herren, was ich befürchte ist vielmehr, daß
unsere heiligsten Güter unter dem Mist gar nicht vorhanden
sind, weil sie eben nur in unserem Glauben existieren. In
diesem Falle, meine Herren, wäre das Ausmisten ein großes
Unglück, ja, geradezu ein Verrat an unseren heiligsten Gütern. Die Hoffnung der Nation, sie unter dem Mist zu
finden, zerronne in Nichts, der ganze Stolz des Ellers auf
seine Vergangenheit, sein Patriotismus erwiese sich als eine

Utopie. Nun will ich nicht etwa sagen, daß es diese heiligsten
Güter nicht gebe, ich glaube als ein guter Patriot, ich hoffe
wie wir alle, daß sie unter dem Mist vorhanden sind, zweifle
auch nicht im geringsten daran, doch als Realpolitiker halte
ich es für meine Pflicht, die Möglichkeit, daß unsere heiligsten Güter eben vielleicht doch nicht vorhanden sein könnten, einzukalkulieren: Da unsere heiligsten Güter jedoch für
die Nation notwendig sind, und da, misten wir nicht aus, die
Frage, ob es sie gibt oder nicht gibt, offen bleibt, was wieder,
praktisch, politisch nüchtern gesprochen, soviel ist, als wären unsere heiligsten Güter vorhanden, so glaube ich, daß
wir uns das Ausmisten, von dessen Notwendigkeit ich, wie
gesagt, zutiefst überzeugt bin, doch noch sehr überlegen
müssen.

EINE STIMME Bilden wir eine Gegenkommission.

ALLE Beschlossen schon: Wir bilden eine Gegenkommission!

AUGIAS *mit der Glocke* Äskulap von Milchiwil hat das Wort.

ÄSKULAP VON MILCHIWIL Meine Herren. Als Chefarzt der
städtischen Klinik habe ich mit Empörung die Reden des
Pentheus vom Säuliboden und des Kadmos von Käsingen
verfolgt, die, obgleich sie sich bekämpften, beide die Notwendigkeit des Ausmistens, von der wir zutiefst überzeugt
sind, in Zweifel zogen, auch wenn sie beide versicherten,
auch sie seien von der Notwendigkeit zutiefst überzeugt. Als
ob es darauf ankäme, ob nun Holzschnitzereien unter dem
Mist verborgen seien oder nicht, als ob diese kulturellen
Güter, von denen man nicht weiß, ob sie überhaupt existier-
ten, unsere heiligsten Güter wären: Unser heiligstes Gut,
meine Herren, ist unsere Volksgesundheit, und der Elier,
meine Herren, ist gesund. *Bravorufe.* Nun ist jedoch nicht zu
verschweigen, daß gerade das Ausmisten uns vor eine neue
Situation stellt. Statistisch ist es bewiesen, und wir sind stolz
darauf, daß Elis die wenigsten Tuberkulosekranken in ganz
Griechenland aufweist dank der Tatsache, daß der Mist, und
besonders unser Mist, auf diese Krankheit hemmend wirkt.

Misten wir daher aus, so ist, so sehr wir von der Notwendigkeit des Ausmistens zutiefst überzeugt sind, leider zu befürchten, daß unser heiligstes Gut, unsere Volksgesundheit, untergraben wird.

EINE STIMME Bilden wir eine Zwischenkommission!

ALLE Beschlossen schon: Wir bilden eine Zwischenkommission!

AUGIAS *mit der Glocke* Kleisthenes vom mittlern Grütt hat das Wort.

KLEISTHENES VOM MITTLERN GRÜTT Meine Herren: Zutiefst von der Notwendigkeit des Ausmistens überzeugt, ist es meine Pflicht, Ihnen schlicht zuzurufen: Unser heiligstes Gut ist unsere Sittlichkeit! *Bravorufe.* Unser Familienleben – *Bravorufe* – das nur in der trauten, warmen Gemütlichkeit des Mistes gedeiht. Misten wir aus, verlassen unsere Söhne und Töchter am Abend das Haus!

EINER Ausmisten ist ungemütlich!

EINE STIMME Bilden wir eine Unterkommission!

ALLE Beschlossen schon: Wir bilden eine Unterkommission!

EINIGE Zutiefst von der Notwendigkeit des Ausmistens überzeugt –

ANDERE können wir jedoch unsere heiligsten Güter nicht preisgeben:

EINER Den urchigen Schatz unserer Volkslieder!

EIN ZWEITER Das seelische Leben unserer Kinder!

EIN DRITTER Unsere Stiefelindustrie!

EIN VIERTER Unsere Freiheit!

EIN FÜNFTER Unsere Mistausfuhr!

EIN SECHSTER Unsere Armee, für den Mistkrieg ausgebildet!

EIN SIEBENTER Unsere alten Familien: Im Mist groß geworden!

EIN ACHTER Unsere pharmazeutischen Fabriken: Der Mist ist die Grundlage ihrer Produktion.

EIN NEUNTER Unsere schlichte, griechische Tradition.

EINE STIMME Bilden wir eine Oberkommission.

ALLE Beschlossen schon: Wir bilden eine Oberkommission!

EIN ZEHNTER Ich protestiere: Wir haben auszumisten und keine Zeit zu verlieren!

EIN ELFTER Laßt uns eine Überkommission einführen, diese Frage zu studieren!

ALLE Beschlossen schon: Wir bilden eine Überkommission.

EIN ZWÖLFTER Kommissionen kosten Millionen!

EIN DREIZEHNTER Ob sich diese Millionen lohnen, klären nur neue Kommissionen.

ALLE Beschlossen schon: Wir bilden eine Oberüberkommission.

DER VIERZEHNTE Die genügt nicht allein.

ALLE
>Dann setzen wir Kommissionen ein
>Millionen ein
>Zu prüfen, ob der Mist
>Wenn er einmal nicht mehr ist:

EINER Die Tiefe der Religion verhindert.

EIN ANDERER Den elischen Sport zu Exzessen reizt.

EIN DRITTER Die Löhne der Postangestellten mindert.

EIN VIERTER Die Reichen verarmt und die Armen betört.

EIN FÜNFTER Dem vierten Stand wehrt und den Viehstand nährt.

EIN SECHSTER Die Kassen entleert und die Wähler aufklärt.

EIN SIEBENTER Der Mist nimmt zu, wir kommen zu spät!

ALLE
>Das kommen wir nie!
>In der elischen Politik
>In der elischen Politik
>Ist es nie zu spät, doch stets zu früh!

POLYBIOS Dieser hemmungslose Ausbruch der Kommissionen kam für uns, die wir mit der elischen Politik nicht vertraut waren, überraschend. Wir bemühten uns vergeblich, den Grund zu finden. Sei es, daß die Elier die Begeisterung ihrer Frauen für den Helden mit Mißtrauen betrachteten, sei es, daß sie überhaupt Kommissionen liebten, die wahre Ursache war nicht an den Tag zu bringen. Dazu kam noch, daß auch die Spesen, die angeboten worden waren, sich beim besseren Zusammenzählen der mit lauter Dreis geschriebenen Summe als bei weitem nicht so bedeutend erwiesen, ja, ich glaube, daß die Elier nur bis Drei zählten, um die Nichtelier täuschen zu können. Hinter ihrer Unbeholfenheit versteckte sich eine bösartige Bauernschläue. Auch darf ich nicht verschweigen, daß zu meinem Beinbruch auch ein Bruch des linken Armes trat, wie ich den Betrug Herkules meldete. Die Lage war verzweifelt. Geld besaßen wir nicht, das Ende der Kommissionen war nicht abzusehen, und zudem stellten sich nun wieder die Gläubiger ein.

HERKULES Polybios.

POLYBIOS Verehrter Meister Herkules?

HERKULES Schmerzt dich dein Arm sehr?

POLYBIOS Es ist auszuhalten. Dafür geht es dem Bein besser.

HERKULES Ich kann es nicht verstehen. Wir haben doch Theben in Nacht und Nebel verlassen, den Gläubigern zu entgehen, und jetzt treffe ich plötzlich den Schneider Leonidas hinter einem Misthaufen.

POLYBIOS Merkwürdig.

HERKULES Und auf dem Hügel, unter dem sich der Zeustempel befinden soll, den Architekten Aiax aus Athen, dem wir noch zehntausend Drachmen schulden.

POLYBIOS Seltsam.

HERKULES Später den Vertreter des Treuhandbüros Epaminondas.

POLYBIOS Ich bin beunruhigt.

HERKULES Ganz Elis scheint auf einmal von Thebern und Athenern zu wimmeln.

POLYBIOS Der Aufmarsch der Gläubiger war eine Tatsache geworden. Herkules erhielt den Besuch eines Mannes, den er wohl auf der Stelle zum Zelt hinaus und den Felsen hinunter

geworfen hätte, wäre unser Nationalheld nur etwas finanz-
kräftiger gewesen.

TANTALOS Ich bin Tantalos aus Mykene, Direktor des elischen
Nationalzirkus Tantalos, hochverehrter Maestro.

HERKULES *mißtrauisch* Sie wünschen?

TANTALOS Maestro! Lassen Sie mich zuerst in den spontanen
Ruf ausbrechen, daß der erhabenste Augenblick meines Lebens gekommen ist: Der größte Held und der größte Zirkusdirektor Griechenlands stehen sich gegenüber.

HERKULES Womit kann ich Ihnen dienen?

TANTALOS Ich gehe wohl in der Feststellung kaum fehl, daß sowohl das Zirkusleben als auch die Heldenverehrung den Tiefpunkt erreicht hat. Meine Abendkassen sind halb leer, und was
Sie betrifft, hochverehrter Maestro, so hat ein Kollege aus
Theben berichtet, daß man dort leider Ihr Haus versteigert hat.

HERKULES Das ist mir neu.

TANTALOS Gläubiger, die leer ausgingen, sollen nach der Ver-
steigerung hieher gereist sein.

HERKULES Das habe ich schon bemerkt.

TANTALOS Was nun unser beiderseitiges Debakel angeht, verehrter Maestro, so kann ich der Meinung der Kollegen nicht
zustimmen, die den Grund suchen in den billigen Tragödien
und Abenteuerromanen, die man jetzt überall aufführt oder
liest, und die das Sensationsbedürfnis der breiten Massen
angeblich befriedigen. Mitnichten. Der Grund liegt woan-
ders. Einerseits darin, daß das Erlegen von Mammuts und
Raubrittern nicht mehr aktuell ist, weil man die Mammuts
für die zoologischen Gärten und die Raubritter für die
Politik benötigt, anderseits in der Tatsache, daß eine Stagnation in unserem Beruf einfach nicht zu übersehen ist. Wir
wagen zu wenig, predige ich meinen Kollegen seit Jahr und
Tag. Die dressierten Elefanten, die Trapezkünstler und Jon-
gleure, die Seehunde, Tiger, Löwen und der dumme August
hangen dem Publikum zum Halse heraus.

HERKULES Es ist mir immer noch nicht klar, was Sie von mir wollen.

TANTALOS Ein Bündnis, verehrter Maestro.

HERKULES Wie habe ich dies zu verstehen?

TANTALOS Sie sind ein heldisches, patriotisches Symbol und ich ein künstlerisches, artistisches. Hand in Hand mit Ihnen, verehrter Maestro, werde ich den elischen Nationalzirkus Tantalos und die Heldenverehrung kraftvoll auf die Beine stellen. Ich bin kein pietätloser Unmensch, ich verlange nichts Unziemliches. Verbeugen Sie sich, verehrter Maestro, nur das, verbeugen Sie sich während der Abendvorstellung vor dem Publikum und einmal am Sonntagnachmittag für fünfhundert Drachmen pro Verbeugung, und meine Kassen sind voll und das Haus in Theben wieder das Ihre.

POLYBIOS Kaum hatte sich der Direktor des elischen National-theaters zurückgezogen, wandte sich Herkules an mich. Den Arm eingeschient und noch am Stock, ahnte ich nichts Gutes.

HERKULES Hast du gehört, Polybios, was dieser unverschämte Kerl vorschlug?

POLYBIOS Gewiß, verehrter Meister.

HERKULES Ich hätte ihn aus dem Zelt und den Felsen hinunter-werfen sollen.

POLYBIOS Verehrter Meister. Auch ich bin peinlich berührt, doch da Herr Tantalos nur verlangt, daß Sie sich verbeugen, und fünfhundert Drachmen pro Verbeugung bezahlt, und in Anbetracht – *Gepolter. Schweigen* – Ich brauche nicht weiterzufahren, meine Damen und Herren, unser allerseits verehrter Nationalheld warf m i c h aus dem Zelt und den Felsen hinunter, ein Sturz von fünfzig Metern, den ich außer einer Schädelfraktur relativ ganz gut überstand, hatte ich doch nun eine gewisse Übung. Am Abend jedoch sprach Dei-aneira mit Herkules, für mich leider wie immer etwas zu spät.

DEIANEIRA Jetzt hast du Polybios den Felsen hinuntergeworfen. Er tut mir leid.

HERKULES Man kann doch von mir unmöglich verlangen, daß ich ein Zirkusclown werde!

DEIANEIRA Herkules.

HERKULES Deianeira?

DEIANEIRA Glaubst du, daß die Kommissionen einmal ein Ende nehmen?

HERKULES Ich weiß es nicht.

DEIANEIRA Phyleus kämpft wie ein Löwe. Er rennt von einem Ratsherrn zum andern.

HERKULES Man kann gegen alles, nur nicht gegen Kommissionen kämpfen.

DEIANEIRA Einmal müssen sie sich doch entschließen!

HERKULES Eben haben sie sich für eine neue Kommission entschlossen, um den Einfluß des Mistes auf den Barometerstand zu untersuchen. Am besten wäre es aufzubrechen. Noch kann ich etwas mit Mammuts verdienen, in einigen Wochen werden auch die unter Naturschutz stehen.

DEIANEIRA Vielleicht wird man doch ausmisten. Dann verlierst du das Honorar.

HERKULES Es ist nur ein Drittel von dem, was ich zu verdienen glaubte. Auch das Honorar, nicht nur die Spesen, haben wir falsch zusammengezählt.

DEIANEIRA *leise* Wenn du jetzt gehst, muß ich Phyleus aufgeben und den Traum, meine goldene Burg Kadmeia zu errichten.

HERKULES Dann komm eben mit mir.

DEIANEIRA Das ist unmöglich geworden. Du hättest mir nie vorschlagen dürfen, bei Phyleus zu bleiben, und ich nie einwilligen dürfen. Aber wir haben es getan. Wir wollten beides, die Freiheit und die Liebe, und so haben wir mit unserer Liebe gespielt und beides verloren. Nun dürfen wir nicht mehr beieinander bleiben.

HERKULES So wollen wir uns noch etwas gedulden. Doch weil

wir Geld brauchen, will ich mich im elischen Nationalzirkus
Tantalos verbeugen. Was ist schon dabei.

Tusch.

TANTALOS Meine Damen und Herren, mesdames et messieurs,
ladies and gentlemen! Nach dem Trapezakt der Gebrüder
Kephalos, dem dressierten Gorilla und der Nackttänzerin
Xanthippe ist es mir eine große Ehre und habe ich das
unaussprechliche Vergnügen, Ihnen in einer Sonderschau
nicht nur die Sensation des Jahrhunderts, sondern auch
unseres griechischen Jahrtausends vorstellen zu dürfen, unsern verehrten Nationalhelden Herkules, den Besieger des
Nemeischen Löwen, des Erymanthischen Ebers, des Kretischen Minotaurus und der Lernäischen Hydra, wie diese
menschenmordenden Monstren in der Sprache der edlen
Philosophie heißen, die wir Griechen erfunden haben und
auf die wir stolz sind. Da kommt er schon. *Bravorufe.* Da
schreitet er schon daher. Sie sehen den Helden, ladies and
gentlemen, meine Damen und Herren, mesdames et messieurs, den Heros, im bloßen Löwenfell mit der fürchterlichen Keule in der Rechten, die noch keiner unserer Olympiasieger je zu schwingen vermochte, den weltberühmten
Bogen in der Linken, den nur er selbst zu spannen versteht,
sei es, wenn er mitten ins Herz eines zähnefletschenden
Ungeheuers oder eines schnaubenden Riesen zielt, sei es,
wenn er den königlichen Adler im Fluge erlegt: Den silbernen Köcher trägt er auf dem Rücken, wenn Sie sich an den
vergifteten Pfeilen ritzen, mesdames et messieurs, ladies and
gentlemen, meine Damen und Herren, sind Sie unwiderruf-
lich tot. Nun verbeugt er sich, nun erblicken Sie den Nak-
ken, den so manche schöne Jungfrau umschlang, die Schultern, die das Himmelsgewölbe trugen, und nun, meine Damen und Herren, ladies and gentlemen, mesdames et messieurs, schreitet das Vorbild der Jugend, das Urbild des
Helden und das Wunschbild der Damen von hinnen, neue

Höchstleistungen auf sportlichen, erotischen und patriotischen Gebieten zu vollbringen.

Tusch, Bravorufe.

POLYBIOS Das elische Zirkuspublikum jubelte. Herkules erhielt fünfhundert Drachmen pro Abend, der Schneider Leonidas konnte bezahlt werden, und wir hätten aufgeatmet, wenn die Angelegenheit des elischen Mistes nicht vor den Pangriechischen Rat gekommen wäre. Der Vertreter Arkadiens führte nämlich aus, und damit traten zu den innenpolitischen noch die außenpolitischen Schwierigkeiten ...

ARKADIEN Es ist klar, daß der Beschluß des elischen Parlaments, auszumisten, darauf zielt, die Wirtschaft Arkadiens zu vernichten, die auf dem Fremdenverkehr fußt. Indem sich Elis anschickt, auszumisten, um den Fremdenverkehr einzuführen, läuft das Abkommen der griechischen Staaten den Fremdenverkehr betreffend Gefahr, durch ein unsauberes Geschäft begraben zu werden.

POLYBIOS Während der Vertreter Athens meinte ...

ATHEN Ich möchte dem Pangriechischen Rat zurufen: Vergessen wir nicht, daß Herkules aus Theben kommt. Was verbirgt sich nun hinter dem thebanischen Versuch, ausgerechnet in Elis ihre Kultur einführen zu wollen? Nur die Absicht, in Griechenland die Oberherrschaft zu errichten, welche nicht nur den Verlust unserer Freiheit herbeiführen wird, sondern auch jenen unserer attischen Kultur, ohne die es keine Freiheit gibt!

POLYBIOS Der Vertreter Spartas dagegen witterte eine andere Gefahr ...

SPARTA Wir lassen uns nicht täuschen. Der Beschluß, in Elis auszumisten, zielt dahin, unser Gesellschaftssystem zu untergraben. Hinter Augias steht die makedonische Arbeiterpartei, meine Herren. Nicht Elis ist auszumisten, sondern Makedonien!

POLYBIOS Worauf der Vertreter Makedoniens entgegnete ...

MAKEDONIEN Hinter der angeblichen Zivilisierung des elischen Staates stecken die spartanischen Kapitalisten und Sklavenbesitzer, die hoffen, die elische Arbeiterschaft zu ruinieren, indem sie durch Abschaffung des natürlichen Reichtums, den der Mist darstellt, jene wenigen unterstützen, die es sich leisten können, ohne Mist zu leben!

POLYBIOS Kurz und gut: Diese Reden vor dem Pangriechischen Rat, die jede mehrere Kommissionen sowohl in Elis als auch in den betreffenden Staaten und im Pangriechischen Rat selbst zur Folge hatten, stimmten Herkules umso trauriger, als er schon nach der dritten Vorstellung eine peinliche Unterredung mit dem Zirkusdirektor Tantalos hatte.

HERKULES Sie geben mir dreihundert Drachmen zu wenig, Herr Tantalos. Wir haben fünfhundert abgemacht.

TANTALOS Die Abendkasse, Maestro, war nicht ein Drittel voll.

HERKULES Aber der Zirkus war doch gefüllt!

TANTALOS Freikarten, Maestro, Freikarten. Ohne Freikarten ist mit Ihnen das Zelt nicht zu füllen. Verbeugen allein genügt nicht. Das kann jeder. Der moderne Mensch will mehr. Aber wenn sich der hochverehrte Maestro entschließen könnte, mit meinem Berufsathleten zu ringen, bitte sehr, wird der Zirkus auf Monate hin ausverkauft und ich biete sechshundert Drachmen pro Abend ...

POLYBIOS Herkules entschloß sich, doch schon nach wenigen Tagen bemerkte der Zirkusdirektor ...

TANTALOS Schon wieder etwas weniger in der Abendkasse, hochverehrter Maestro. Kann leider, leider nur dreihundert zahlen. Mein Berufsathlet kämpft aber auch ganz ungenügend. Ist ja auch kein Gegner für einen Nationalhelden. Viel zu flau. Habe jedoch ein wunderschönes Nashorn in meiner Menagerie. Einen Prachtbullen. Wenn Sie einmal mit dem ringen wollten, ein einziges Mal, für siebenhundert Drachmen ...

POLYBIOS Herkules rang. Er rang später auch mit einem Mammut, dann mit zweien, boxte mit einem Gorilla, stemmte Gewichte.

TANTALOS Mesdames et messieurs, meine Damen und Herren, ladies and gentlemen. Nach dem Ringkampf unseres Nationalhelden mit dem Walroß habe ich das unbeschreibliche Vergnügen, Ihnen nun, ladies and gentlemen, mesdames et messieurs, meine Damen und Herren, einen phänomenalen Kraftakt des Gigantenbesiegers vorzuführen: Herkules wird tausend Tonnen stemmen. Tausend Tonnen! Die Gewichte, meine Damen und Herren, ladies and gentlemen, mesdames et messieurs, sind vom elischen Amt für Maß und Gewicht geprüft worden, die Zeugnisse können jederzeit bei der Direktion besichtigt werden.

Bravorufe, Tusch.

PHYLEUS Deianeira!
DEIANEIRA Phyleus?
PHYLEUS Ich habe dich überall gesucht, in der ganzen Stadt, und nun finde ich dich in dieser Zirkusloge.
DEIANEIRA Herkules stemmt eben Gewichte.
DIE ZUSCHAUER Hoh-ruck!
TANTALOS Beachten Sie, mesdames et messieurs, ladies and gentlemen, meine Damen und Herren, das Muskelspiel des Helden, diese Symphonie der Kraft, erzittern Sie, erschauern Sie, eine einmalige Gelegenheit, männliche Schönheit in höchster Vollendung zu bewundern.
PHYLEUS Es ist schädlich. Der Mann, der unser Land ausmi-

sten könnte, diese einzige wirklich positive Kraft, muß im
Zirkus auftreten!

DEIANEIRA Wir haben Geld nötig.

DIE ZUSCHAUER Hoh-ruck!

TANTALOS Tausend Tonnen, meine Damen und Herren, tausend Tonnen!

PHYLEUS Wenn wir heiraten, Deianeira, besitze ich Geld, weil
mein Vater mich auszahlen muß. Laß uns heiraten, schon
morgen, und Herkules braucht nicht mehr diesem Gewerbe
nachzugehen, das ihn entwürdigt.

DEIANEIRA Gewiß, lieber Phyleus.

DIE ZUSCHAUER Hoh-ruck!

TANTALOS Tausendfünfhundert Tonnen, ladies and gentlemen,
tausendfünfhundert!

PHYLEUS Ich bin sicher, daß es doch noch zum Ausmisten
kommt. Du wirst sehen. Der Direktor vom Wasseramt steht
durchaus positiv dazu.

DEIANEIRA Das ist schön von ihm.

DIE ZUSCHAUER Hoh-ruck!

TANTALOS Zweitausend Tonnen, mesdames et messieurs,
zweitausend!

PHYLEUS Und der Sohn des athenischen Gesandten will noch
einmal mit seinem Vater reden.

DEIANEIRA Aber ja.

DIE ZUSCHAUER Hoh-ruck!

TANTALOS Zweitausendfünfhundert, meine Damen und Herren, mesdames et messieurs, ladies and gentlemen! Zweitausendfünfhundert Tonnen! Da die Gewichte vom elischen
Amt für Maß und Gewicht geprüft sind, bedeutet dies einen
neuen Weltrekord, und ich habe die Ehre, unserem Nationalhelden im Namen der Direktion des Nationalzirkus Tantalos den goldenen Weltmeisterschaftslorbeer der Gewichtsstemmer zu überreichen!

PHYLEUS Glaube nur, Deianeira, glaube fest daran, daß es uns
gelingen wird, Elis auszumisten, hier ein menschenwürdiges

Land zu errichten. Glaube immer daran. Morgen bist du
meine Frau.

DEIANEIRA Ich liebe dich, Phyleus.

POLYBIOS Doch als Herkules vom Zirkus auf den Felsen zu-
rückkehrte – ohne den goldenen Lorbeer, da ihn der Direktor nach der Vorstellung wieder verlangt hatte – wartete der
Sauhirt Kambyses auf ihn.

HERKULES Was hast du denn, Kambyses? Du bist bleich und
mager geworden.

KAMBYSES Ich bin am Ende meiner Kraft.

HERKULES Was soll das heißen?

KAMBYSES Ich habe Unmenschliches geleistet.

HERKULES *erschrocken* Du willst demissionieren?

KAMBYSES Laß mich wieder Schweine hüten.

HERKULES Das ist unmöglich, Kambyses. Ich hab ja noch nicht
ausgemistet.

KAMBYSES Wirst du nie. Ich habe es dir immer gesagt. Weil der
Mist vor allem in den Köpfen der Elier zu hoch steht. Die
kannst du nicht mit den Flüssen Alpheios und Peneios
ausspülen.

HERKULES Ich gebe dir, was du willst. Ich will mit der ganzen
Menagerie des Zirkus Tantalos kämpfen und dir das Honorar
überlassen.

KAMBYSES Ich kann nicht mehr, so sehr ich auch möchte. Die
Natur läßt mich im Stich.

HERKULES Ich bin verloren, wenn du gehst!

KAMBYSES Leb wohl.

HERKULES Polybios.

POLYBIOS Verehrter Meister Herkules?

HERKULES Nun hat mich der Sauhirt Kambyses verlassen.

POLYBIOS Ich bin bestürzt.

HERKULES Wenn der Betrug an den Tag kommt, den ich mit

ihm begangen habe, bin ich verloren. Das würde mir Griechenland nie verzeihen.

POLYBIOS Das ist zu befürchten.

HERKULES Ich habe mich im eigenen Netz gefangen. Nun muß ich die Rolle selber spielen, die meine Dichter mir zuschreiben und die alle Welt glaubt, die fürchterlichste der Demütigungen. Ich werde heute nacht in meinem Zelt schlafen.

POLYBIOS Verehrter Meister. Sie haben mich zwar letzthin den Felsen hinuntergeworfen, doch halte ich es für meine Pflicht, Sie über einen Brief zu informieren, der eben eingetroffen ist.

HERKULES Polybios. Briefe haben mir nie Gutes gebracht. Ich habe keine Nerven mehr. Ich kann nichts garantieren.

POLYBIOS Es fällt mir schwer, davon zu sprechen. Der König von Stymphalien bietet eine Summe, die beträchtlich zu sein scheint, doch noch genau zusammengezählt werden muß, da die Stymphalier anscheinend nur bis zwei zu zählen wissen, für den Fall, daß Sie sich, verehrter Meister, entschließen wollten, Stymphalien von Vögeln zu reinigen, die einen besonders unangenehmen Kot von sich geben, eine Arbeit, die zwar – ich möchte es offen aussprechen – womöglich noch schmutziger ist als die nun nicht zustande gekommene in Elis, doch in Anbetracht –

Ich wagte nicht weiterzusprechen. Herkules sah mich an. Er zitterte am ganzen Leib. Ich glaubte schon, er wolle sich auf mich stürzen, als auf einmal Deianeira neben ihm stand. Sie hatte alles gehört.

HERKULES Deianeira.

DEIANEIRA Mein Freund?

HERKULES Du weißt, wie es um mich steht.

DEIANEIRA Ich weiß es.

HERKULES Entscheide nun.

DEIANEIRA Wir gehen nach Stymphalien.

HERKULES Dieses Land ist noch schmutziger als Elis.

DEIANEIRA Ich werde bei dir sein.

HERKULES Nun müssen wir auch das Unmögliche wagen. Nun müssen wir zusammenbleiben.

DEIANEIRA Wir gehören zusammen, du und ich, und die Schale schwarzen Bluts, die mir der Kentaur Nessos gab und in die ich einmal dein Hemd tauchen werde.

HERKULES Polybios, wir brechen auf. Noch diese Nacht, damit uns kein Gläubiger sieht. Nach Stymphalien ...

POLYBIOS So brachen wir auf, und am nächsten Morgen fand Phyleus, der herangestürzt kam, um zu melden, daß der Direktor des Wasseramts voraussichtlich endgültig für das Ausmisten eintreten werde, den Fels leer. Die Frau, die ihm gezeigt hatte, daß es jenseits seiner mißgestalteten Heimat Schönheit und Geist gab, die ihm offenbart hatte, was sein Land hätte sein können, hatte ihn verlassen. Er weinte lange an der öden Stelle. Dann ging er nach Elis hinunter. Vor seinem Hause fand er den Vater Augias.

AUGIAS Mein Sohn.

PHYLEUS Sie haben uns verlassen. mein Vater. Der Felsen ist leer.

AUGIAS Ich weiß, mein Sohn Phyleus. Schon machen sich die Gläubiger auf, ihnen zu folgen.

PHYLEUS Wohin?

AUGIAS Irgendwohin. Die Gläubiger werden sie schon finden.

PHYLEUS Du hättest Herkules hindern sollen, unser Land zu verlassen.

AUGIAS Niemand kann Herkules hindern. Er ist die einmalige Möglichkeit, die kommt und geht.

PHYLEUS Nun ist sie vertan, die einmalige Möglichkeit. Das ist dein Werk, Vater.

AUGIAS Ich bin nur der Präsident des Großen Rats, mein Sohn.

PHYLEUS Du wolltest doch ausmisten!

AUGIAS Das wollten wir alle.

PHYLEUS Warum wurde dann nicht ausgemistet, Vater?

AUGIAS Weil die Elier sich vor dem fürchten, was sie wollten, und von dem sie wußten, daß es vernünftig war, mein Sohn.

PHYLEUS Das hast du immer gewußt?

AUGIAS Immer.

PHYLEUS Und trotzdem ließest du Herkules kommen?

AUGIAS Trotzdem.

PHYLEUS Ich verstehe dich nicht mehr, mein Vater.

AUGIAS So komm in meinen Garten.

PHYLEUS Es gibt einen Garten in Elis?

AUGIAS Du bist der erste, der ihn betreten darf.

PHYLEUS Mein Vater!

AUGIAS Mein Sohn?

PHYLEUS Alles voll Blumen. Bäume voller Früchte!

AUGIAS Greif den Boden.

PHYLEUS Erde!

AUGIAS Aus Mist ist Erde geworden. Gute Erde. Siehst du, mein Sohn, an diesem Garten habe ich ein Leben lang im geheimen gearbeitet, und so schön er ist, er ist ein etwas trauriger Garten. Ich bin kein Herkules, und wenn nicht einmal er der Welt seinen Willen aufzuzwingen vermag, wie wenig erst vermag ich es. So ist dies der Garten meiner Entsagung. Ich bin Politiker, mein Sohn, kein Held, und die Politik schafft keine Wunder. Sie ist so schwach wie die Menschen selbst, nicht stärker, ein Bild nur ihrer Zerbrechlichkeit. Sie schafft nie das Gute, wenn wir selbst nicht das Gute tun. Und so tat ich denn das Gute. Ich verwandelte den Mist in Humus. Es ist eine schwere Zeit, in der man nur so wenig für die Welt zu tun vermag, aber dieses Wenige sollen wir wenigstens tun: Das Eigene. Die Gnade, daß unsere Welt sich erhelle, kannst du nicht erzwingen, doch die Voraussetzung in dir kannst du schaffen, daß die Gnade – wenn sie kommt – in dir einen reinen Spiegel finde für ihr Licht. Du hast eine Frau geliebt und verloren. Sie war nicht für uns geschaffen. Zu finster ist es noch. So sei denn dieser Garten dein. Wenig gebe ich dir, ich weiß, doch sei nun wie er: Verwandelte Ungestalt. Trage du nun Früchte. Ersetze mit dir selbst das Verlorene. Wage jetzt zu leben und hier zu leben, mitten in diesem gestaltlosen wüsten Land: Die Heldentat, die ich dir nun auferlege, Sohn, die Herkulesarbeit, die ich auf deine Schultern wälze.

Friedrich Dürrenmatt
im Diogenes Verlag

● **Das dramatische Werk**
in 17 Bänden:

Es steht geschrieben / Der Blinde
Frühe Stücke. detebe 20831

Romulus der Große
Ungeschichtliche historische Komödie.
Fassung 1980. detebe 20832

Die Ehe des Herrn Mississippi
Komödie und Drehbuch. Fassung 1980.
detebe 20833

Ein Engel kommt nach Babylon
Fragmentarische Komödie. Fassung 1980.
detebe 20834

Der Besuch der alten Dame
Tragische Komödie. Fassung 1980.
detebe 20835

Frank der Fünfte
Komödie einer Privatbank. Fassung 1980.
detebe 20836

Die Physiker
Komödie. Fassung 1980. detebe 20837

Herkules und der Stall des Augias
Der Prozeß um des Esels Schatten
Griechische Stücke. Fassung 1980.
detebe 20838

Der Meteor / Dichterdämmerung
Nobelpreisträgerstücke. Fassung 1980.
detebe 20839

Die Wiedertäufer
Komödie. Fassung 1980. detebe 20840

König Johann / Titus Andronicus
Shakespeare-Umarbeitungen. detebe 20841

Play Strindberg / Porträt eines Planeten
Übungsstücke für Schauspieler.
detebe 20842

Urfaust / Woyzeck
Bearbeitungen. detebe 20843

Der Mitmacher
Ein Komplex. detebe 20844

Die Frist
Komödie. Fassung 1980. detebe 20845

Die Panne
Hörspiel und Komödie. detebe 20846

Nächtliches Gespräch mit einem verachteten Menschen/Stranitzky und der Nationalheld / Das Unternehmen der Wega
Hörspiele und Kabarett. detebe 20847

● **Das Prosawerk**
in 12 Bänden:

Aus den Papieren eines Wärters
Frühe Prosa. detebe 20848

Der Richter und sein Henker
Der Verdacht
Kriminalromane. detebe 20849

Der Hund / Der Tunnel / Die Panne
Erzählungen. detebe 20850

Grieche sucht Griechin / Mr. X macht Ferien / Nachrichten über den Stand des Zeitungswesens in der Steinzeit
Grotesken. detebe 20851

Das Versprechen / Aufenthalt in einer kleinen Stadt
Ein Requiem auf den Kriminalroman und ein Fragment. detebe 20852

Der Sturz / Abu Chanifa und Anan Ben David / Smithy / Das Sterben der Pythia
Erzählungen. detebe 20854

Theater
Essays, Gedichte und Reden. detebe 20855

Schweizer Autoren
im Diogenes Verlag

● **Rainer Brambach**
Kneipenlieder
Mit Frank Geerk und Tomi Ungerer. Erheblich erweiterte Neuausgabe. detebe 20615

Wirf eine Münze auf
Gedichte. Mit einem Nachwort von Hans Bender. detebe 20616

Für sechs Tassen Kaffee
Erzählungen. detebe 20530

Außerdem ist Rainer Brambach Herausgeber der Anthologie
Moderne deutsche Liebesgedichte
detebe 20777

● **Ulrich Bräker**
Leben und Schriften in 2 Bänden
Herausgegeben von Samuel Voellmy und Heinz Weder. detebe 20581–20582

● **Friedrich Dürrenmatt**
Werkausgabe in 29 Bänden
Herausgegeben in Zusammenarbeit mit dem Autor. Alle Bände wurden revidiert und mit neuen Texten ergänzt.

Das dramatische Werk in 17 Bänden
detebe 20831–20847

Das Prosawerk in 12 Bänden
detebe 20848–20860

Als Ergänzungsband liegt vor:
Über Friedrich Dürrenmatt
Essays, Zeugnisse und Rezensionen. Interviews, Chronik und Bibliographie. Herausgegeben von Daniel Keel. detebe 20861

● **Jeremias Gotthelf**
Ausgewählte Werke in 12 Bänden
Herausgegeben von Walter Muschg. detebe 20561–20572

Als Ergänzungsband liegt vor:
Gottfried Keller
über Jeremias Gotthelf
Mit einem Nachwort von Heinz Weder. Chronik und Bibliographie. detebe 20573

● **Gottfried Keller**
Zürcher Ausgabe.
Gesammelte Werke in 8 Bänden
Herausgegeben von Gustav Steiner. detebe 20521–20528

Als Ergänzungsband liegt vor:
Über Gottfried Keller
Sein Leben in Selbstzeugnissen und Zeugnissen von C. F. Meyer bis Theodor Storm. Chronik und Bibliographie. Herausgegeben von Paul Rilla. detebe 20535

● **Walter Vogt**
Husten
Erzählungen. detebe 20621

Wüthrich
Roman. detebe 20622

Melancholie
Erzählungen. detebe 20623

Der Wiesbadener Kongreß
Roman. detebe 20306

Booms Ende
Roman. detebe 20307

● **Robert Walser**
Der Spaziergang
Erzählungen. Nachwort von Urs Widmer. detebe 20065

Maler, Poet und Dame
Aufsätze über Kunst und Künstler. Herausgegeben von Daniel Keel. Mit zahlreichen Dichterporträts. detebe 20794

Klassiker
im Diogenes Verlag

● **Angelus Silesius**
Der cherubinische Wandersmann
Auswahl und Einleitung von Erich Brock.
detebe 20644

● **Aristophanes**
Lysistrate
Mit den Illustrationen von Aubrey Beardsley. kunst-detebe 26028

● **Honoré de Balzac**
Die großen Romane
in 10 Bänden. Deutsch von Emil A. Rheinhardt, Otto Flake, Franz Hessel, Paul Zech u.a. detebe 20901–20910

Erzählungen
in 3 Bänden: Pariser Geschichten – Liebesgeschichten – Mystische Geschichten. Deutsch von Otto Flake u.a. detebe 20896, 20897, 20899

● **Charles Baudelaire**
Die Tänzerin Fanfarlo und
Der Spleen von Paris
Sämtliche Prosadichtungen. Deutsch von Walther Küchler. detebe 20387

● **James Boswell**
Dr. Samuel Johnson
Eine Biographie. Deutsch von Fritz Güttinger. detebe 20786

● **Ulrich Bräker**
Leben und Schriften
in 2 Bänden. Herausgegeben von Samuel Voellmy und Heinz Weder.
detebe 20581–20582

● **Wilhelm Busch**
Studienausgabe
in 7 Bänden. Herausgegeben von Friedrich Bohne. detebe 20107–20113

● **Calderón**
Das große Welttheater
Neu übersetzt von Hans Gerd Kübel und Wolfgang Franke. detebe 20888

● **Anton Čechov**
Das erzählende Werk
In der Neuedition von Peter Urban.
detebe 20261–20270

Das dramatische Werk
In der Neuedition und -übersetzung von Peter Urban. detebe.

Briefe – Chronik
Übersetzt und herausgegeben von Peter Urban

● **Das Diogenes Lesebuch klassischer deutscher Erzähler**
Band I:
Geschichten von Wieland bis Kleist.

Band II:
Geschichten von Eichendorff bis zu den Brüdern Grimm.

Band III:
Geschichten von Mörike bis Busch.

Alle drei Bände herausgegeben von Christian Strich und Fritz Eicken. detebe 20727, 20728, 20669

● **Fjodor Dostojewski**
Meistererzählungen
Herausgegeben und übersetzt von Johannes von Guenther. detebe 20951

● **Meister Eckehart**
Deutsche Predigten und Traktate
Herausgegeben von Josef Quint.
detebe 20642

● **Gustave Flaubert**
Werke – Briefe – Materialien
in 8 Bänden. Jeder Band mit einem Anhang zeitgenössischer Rezensionen.
detebe.

Jugendwerke
Erste Erzählungen. Herausgegeben und übersetzt von Traugott König

November
Jugendwerke II. Herausgegeben und übersetzt von Traugott König

Werk- und Studienausgaben in Diogenes Taschenbüchern